これだけは知っておきたい！

発達障害のある子とのかかわり方

専門家から学ぶ 保育の困りごと解決BOOK

安藤忠・諏訪田克彦 編著

Gakken

CONTENTS

はじめに

諏訪田克彦

1 経緯

1981年、幼児教育・保育の現場で働く幼稚園教諭、保育士を対象に、障害に対する理解を深め、障害のある子どもたちの保育に役立つものになればという目的で、書籍『入門 障害児保育の原理』が出版されました。

当時は、障害の早期発見、早期療育という取り組みが、肢体不自由児施設を中心に全国的に始まったころです。私は北九州市立総合療育センター（以下療育センター）の医療ソーシャルワーカーとして勤務していました。療育センター所長の高松鶴吉先生、副センター長の安藤忠先生を中心に、小児科医、眼科医、歯科医、看護師、理学療法士（PT）、作業療法士（OT）、言語聴覚士（ST）、臨床心理士、保育士、臨床検査技師など多職種によるチームアプローチが、障害のある子どもたちに注がれていました。

療育センターは、これまでの肢体不自由児施設というイメージを変え、障害のある子どもたちの小児専門病院として、治療と生活両面にわたるサポートを展開するところでもありました。また、早期療育の取り組みとして、なんらかの発達の遅れや障害のある２歳以上の幼児を対象とした乳幼児通園施設を開設しました。週２日から３日の母子通園で、子どもへの治療と発達支援、保護者には子育て支援を全国に先駆けて開始しました。療育センターの中に通園施設が併設されたことにより、医療と保育の専門職同士の連携と、お互いの意見交換が自由に行える環境でした。

また、当時の保育現場では、障害のある子どもと、そうでない子どもの統合保育が始まり、インテグレーションという新しい流れが起きていました。その影響からか、療育センターには診察や通園に保護者と一緒に参加する保育士がいて、保育関係者との交流の中で、障害について学ぶテキストのようなもの、保育の参考となるようなものを残したいという高松所長の思いから『入門 障害児保育の原理』が誕生したのです。その後26刷を重ね、数多くの保育関係者が、この本を手がかりに障害児保育に日夜奮闘されていることを、私たちは増刷のたびに実感することができました。

出版後30年という時が過ぎ、社会、障害児を取り巻く環境は大きく変化し、幼児教育の現場はインテグレーションからインクルージョンへと大きく変わりました。さらに、DSMの導入と2005年には発達障害者支援法が施行され、自閉症、

アスペルガー症候群、注意欠陥・多動性障害などの診断が広がる中、多様な障害のある子どもたちが幼児教育に参加する、それを地域で支えることが近年では当たり前になってきました。

　このような状況の中で、前書にかかわったメンバーを中心に、今の時代に合った「障害児保育」の本を新たに制作し、障害児の保育、子育てに向き合っている保育者、障害のある子どもの家族へ届けるメッセージとして、出版することになりました。

❷ 本の内容

○ 対象読者

『入門 障害児保育の原理』のコンセプトを引き継ぎ、保育士、幼稚園教諭、特別支援学校の先生、学童保育や放課後等デイサービスにかかわるスタッフ、障害のある子どもを育てる保護者が対象です。

○ 目的

　下記の4点を、この本の目的としました。

① 障害について理解を深める。

　近年増加している発達障害にスポットを当てて、知的障害、発達障害など多様な障害の理解を深められるよう特徴をまとめました。

② 障害のある子どもたちの保育、子育てに役立つ本にする。

　本書では、障害の説明だけにとどまらず、保育の手がかりになるような「気づき」、子どもの行動に対する「評価」、保育の「手順や見守り方、かかわり方」についても触れています。

③ 現代の保育状況を反映した内容にする。

　少子高齢化社会、家庭の形の変化（専業主婦から夫婦共働きなど）、地域の人とのかかわりの希薄化など、現代が抱える課題を踏まえた保育、保育者の役割について触れたいと思います。

④ 保育実践に基づくデータを活用する。

　本書は、神戸市社会福祉協議会、大阪府社会福祉協議会が1983年から実施している障害児保育セミナーで事例検討されたデータをもとにしています。さらにこのデータは子どもたちにかかわった保育士の実践の積み重ねの中から生まれた声でもあります。

　　※引用については、神戸市社会福祉協議会、大阪府社会福祉協議会の障害児保育セミナー関係者で倫理審査を受け、承認を得ています。

❸ 本の構成

この本は、全体を３つに分けて構成しています。

●第１章

発達障害どはどのようなもので、どう分類されているかについて解説します。

●第２章

専門的な視点から、児童発達支援のアプローチについて理論やプログラム・トレーニングなどの基本を解説します。

●第３章

現場の保育士が挙げた子どもたちの主な課題として10項目選びました。それらと保育士のかかわり方について、専門スタッフからのアドバイスをまとめました。

時代の変化の中で、「障害」についてどのように理解して捉え向き合っていけばよいのか、そのポイントは一貫していると思います。

それは、肩に力を入れず「まず慣れること、理解すること、知ること、受容すること」です。

神戸市社会福祉協議会、大阪府社会福祉協議会が主催してきた、２つの障害児保育セミナーは現在も休むことなく確実に続いています。参加者の経験知と新しい科学的思考がセミナーで披露され、ときにはアドバイザー的立場にある私たちも取り込まれて議論は白熱化します。

現場から寄せられる障害児保育の問いかけに、私たちはそのメッセージを大切に聴きながら、保育士、そして保育士を志す人々と共にいろいろな立場を生かして障害児保育の実践や指導の在り方を考え、その効果を模索してきました。そこで得た経験、知識、技術、ハートのコアな部分をこの本に込めました。

どんな場合でも、実践の生きた指導書というものは、実践の積み重ねの中からしか生まれてきません。保育の指導書はその最たるものだと思います。この本を読まれたあなたの日々の実践による経験が集められ、さらに分析され、子どもの笑顔につながる保育が、これからも保育者自身の手によってまとめられていくことを期待します。

第 1 章

発達障害とは

発達障害とは、どのように分類されているのでしょうか。まずは医学的な定義などを理解し、障害と特性、そして特性が重なり合っていることを知ることが大切です。

「発達障害」の概念

（安藤 忠）

発達障害とは何か、医学上の分類について解説します。

【どんな障害が含まれる？】

「発達障害」は医療上の診断名で、保育現場で私たちが日ごろ使う、いわゆる「発達の障害」と同義ではありません。

発達障害の概念は時代により多少の変遷が見られますが、最新のものは、2013年に発表された「DSM‐5」（Diagnostic and Statistical Manual of Mental Disorders 5th）「精神疾患の診断・統計マニュアル第5版」の基準によるものです。「DSM（ディー・エス・エム）」は、うつ病などの精神疾患や発達障害の診断の際に、症状が当てはまるかどうか判断する世界的な診断基準です。

それまで使用されていた診断基準DSM‐Ⅳにおいては、発達障害は、①精神遅滞、②学習障害、③運動能力障害、④コミュニケーション障害、⑤広汎性発達障害、⑥注意欠陥および破壊的行動障害（注意欠如・多動性障害など）、⑦その他（特定不能の発達障害など）に大きく分類されていましたが、DSM‐5では、①知的障害（知的能力障害）、②コミュニケーション障害、③自閉症スペクトラム障害／自閉スペクトラム症、④注意欠如・多動性障害（症）、⑤学習障害／限局性学習症、⑥運動障害、⑦他の神経発達障害という分類となりました（図1参照）。

発達障害の診断は、①ICD‐10と②DSM‐5の2つがあります。また、「広汎性発達障害」という診断名はDSM‐5では使用されておらず、「自閉スペクトラム症」（ASD）という名称が用いられています。この2つの概念の違いを大まかに図示すると、下の図2のようになります。

図2[※1] 広汎性発達障害（DSM-Ⅳ）

小児期崩壊性障害　自閉症　アスペルガー障害　レット障害　非定型自閉症

自閉スペクトラム症（DSM-5）

軽い　定形発達　BAP（発達凸凹）　ASD　重い

BAP：広い自閉症表現型

図1※1 精神発達症群の診断分類の変更 障害名などは下記出典のまま

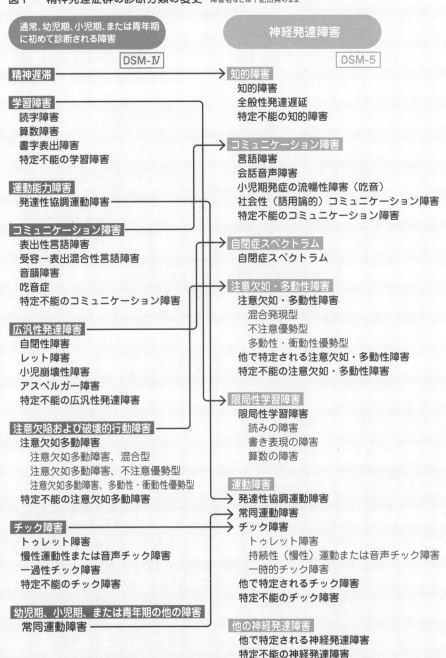

通常、幼児期、小児期、または青年期に初めて診断される障害

DSM-Ⅳ

精神遅滞

学習障害
　読字障害
　算数障害
　書字表出障害
　特定不能の学習障害

運動能力障害
　発達性協調運動障害

コミュニケーション障害
　表出性言語障害
　受容－表出混合性言語障害
　音韻障害
　吃音症
　特定不能のコミュニケーション障害

広汎性発達障害
　自閉性障害
　レット障害
　小児崩壊性障害
　アスペルガー障害
　特定不能の広汎性発達障害

注意欠陥および破壊的行動障害
　注意欠如多動障害
　　注意欠如多動障害、混合型
　　注意欠如多動障害、不注意優勢型
　　注意欠如多動障害、多動性・衝動性優勢型
　　特定不能の注意欠如多動障害

チック障害
　トゥレット障害
　慢性運動性または音声チック障害
　一過性チック障害
　特定不能のチック障害

幼児期、小児期、または青年期の他の障害
　常同運動障害

神経発達障害

DSM-5

知的障害
　知的障害
　全般性発達遅延
　特定不能の知的障害

コミュニケーション障害
　言語障害
　会話音声障害
　小児期発症の流暢性障害（吃音）
　社会性（語用論的）コミュニケーション障害
　特定不能のコミュニケーション障害

自閉症スペクトラム
　自閉症スペクトラム

注意欠如・多動性障害
　注意欠如・多動性障害
　　混合発現型
　　不注意優勢型
　　多動性・衝動性優勢型
　他で特定される注意欠如・多動性障害
　特定不能の注意欠如・多動性障害

限局性学習障害
　限局性学習障害
　　読みの障害
　　書き表現の障害
　　算数の障害

運動障害
　発達性協調運動障害
　常同運動障害
　チック障害
　　トゥレット障害
　　持続性（慢性）運動または音声チック障害
　　一時的チック障害
　他で特定されるチック障害
　特定不能のチック障害

他の神経発達障害
　他で特定される神経発達障害
　特定不能の神経発達障害

※1　森 則夫・杉山登志郎・岩田泰秀（編著）（2014）『臨床家のための DSM-5 虎の巻』日本評論社より

現在、自閉症や自閉症と似た特性をもつ障害群は「自閉スペクトラム症」としての捉え方が主流なので、本書でもこの名称を用います。

　以下から、発達障害の中でも保育現場で出会うことの多い４つの障害について詳しく説明していきます。分類のイメージは図3になります。

図3　DSM-5における発達障害の主な分類

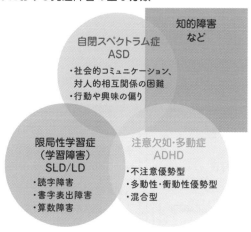

知的障害（知的能力障害）

(ID：Intellectual Disability)

知的な能力や社会で生活するための力に遅れがある状態

　知的障害は、「知能検査によって確かめられる知的機能の遅れ」と「年齢相応の生活を送る上で求められる社会適応機能の遅れ」が、おおむね18歳までに生じるものと定義されています。

　以前は「精神遅滞」と呼ばれていたこの障害は、診断基準の改訂に伴い、DSM-5では「知的障害（知的能力障害）」「全般性発達遅延」「特定不能の知的障害」に分けられました。知的機能は知能検査によって測りますが、知能指数の値だけで知的障害があるかどうかを判断するのではなく、コミュニケーションや身辺自立、社会的スキルといった社会適応機能の遅れの有無や運動能力などについても確認し、総合的に判断します。

　乳幼児期の場合、ことばの遅れが気になると、個性なのか、遅れなの

かという不安が広がります。そんなときは、一人で悩まず誰かに相談したり、医療機関を利用したりするという選択肢もありますが、この段階はまだ、これから後の発達の伸びしろが大きく、その後の育ちによって様子が変わることもあります。あえて診断を急がずに「発達遅延もしくは発達の遅れ」として様子を見ていくことも大切です。

　知的障害を伴う疾患の1つに、「ダウン症候群」を中心とする染色体異常症が挙げられます。症状も能力的にも一人ひとりの違いが大きく、大学進学を果たした人もいれば、スーパーの店員さんやお坊さんになった人もいます。個々の知的能力と日常生活における困難さに応じて、認知発達の促進や日常的ケア、医療的なケアなどの包括的な支援を行っていくことで、自立した社会生活を営むことが可能になります。

自閉スペクトラム症（ASD）

(ASD：Autism Spectrum Disorder)
主に対人関係やコミュニケーション面で困難さが見られる

　自閉スペクトラム症の診断基準はP.12に掲載していますが（図4）、主に見られる特性としては、「人とのかかわり、コミュニケーションが苦手」「興味が偏っており、こだわりが強い」「感覚の偏りがあり、動きがぎこちない」といったことが挙げられます。

　この障害の存在については、1943年にアメリカの児童精神科医レオ・カナーが、似たようなユニークな行動をする11名の子どもの存在に初めて気づき、1944年に「早期幼児自閉症」と命名して発表したことが始まりです。オーストリアの小児科医ハンス・アスペルガーも、また4名の同様の症例を「自閉性精神病質」として同年に発表しています。それ以降も、イギリスの精神科医ローナ・ウイングなど、いろいろな人々がこの病気の病態解明に携わってきており、脳機能についても次第に解明されてきました。しかし、時代における障害の概念の変化も伴う中、原因は諸説ありますが、現在明確になっていることは、脳の障害、神経系の発達に違いが生じるということです。原因を究明することは私たち研究者の役割ですが、名称統一の可否や診断基準について関係者を悩ませていることもご理解ください。

　P.8でも述べたように、従来「広汎性発達障害」としてなじまれてきた名称が、DSM-5で「自閉スペクトラム症」と改名され、現在はその名称が広く用いられるようになってきましたが、特性の1つとして見ら

れる"独特のコミュニケーションのとり方"を診断基準に含めるかどう
かについては、まだ議論がなされているところです。

　自閉スペクトラム症の原因については、前述したとおり、いまだに分
かっていないことが多く、現在も研究が進められているところですが、
脳機能の不具合が関係していると考えられています。

「スペクトラム」とは「連続体」という意味です。特性が強く出ている
人もいれば弱く出ている人もいる、というように、"さまざまな状態が
重なり合い、連続している"というイメージで捉えます。そうなると、
「自閉スペクトラム症があるのかないのか」という線引きも非常に曖昧
になってきますが、大切なのは、その人が自閉スペクトラム症かどうか
ということよりも、その程度やどんなことに困っているかを理解し、必
要な支援を考えていくことです。

図4[*2]　DSM-5における自閉スペクトラム症（ASD）の診断基準

以下のA、B、C、Dを満たしていること

Ⓐ　社会的コミュニケーションおよび相互関係における持続的障害（以下の3
　点で示される）

① 社会的・情緒的な相互関係の障害

② 他者との交流に用いられることばを介さないコミュニケーションの障害

③（年齢相応の対人）関係性の発達や維持の障害

Ⓑ　限定された反復する様式の行動、興味、活動（以下の2点以上の特徴で示
　される）

① 常同的で反復的な運動動作や物体の使用、あるいは話し方

② 同一性へのこだわり、日常動作への融通の効かない執着、言語・非言語上の
　儀式的な行動パターン

③ 集中度・焦点づけが異常に強くて限定的であり、固定された興味がある

④ 感覚入力に対する敏感性あるいは鈍感性、あるいは感覚に関する環境に対す
　る普通以上の関心

Ⓒ　症状は発達早期の段階で必ず出現するが、後になって明らかになるものも
　ある

Ⓓ　症状は社会や職業その他の重要な機能に重大な障害を引き起こしている

※2 日本精神神経学会（日本語版用語監修）・高橋三郎・大野裕（監訳）(2014)
『DSM-5 精神疾患の診断・統計マニュアル』医学書院より

注意欠如・多動症（ADHD）

(ADHD：Attention Deficit・Hyperactivity Disorder)

特に集団生活において気になる行動が目立つ

　注意欠如・多動症（ADHD）に顕著に見られる特性は、「不注意」「衝動性」「多動性」で、他の発達障害と比べて症状が比較的はっきりしています（図5参照）。

図5[※2]　**DSM-5における注意欠如・多動症（ADHD）の診断基準**

Ａ　不注意症状と多動性／衝動性症状の一方、あるいは両方が6つ以上（17歳以上は5つ以上）存在する。

●以下の不注意症状が6つ（17歳以上では5つ）以上あり、6か月以上にわたって持続している。

　ⓐ 細やかな注意ができず、ケアレスミスをしやすい
　ⓑ 注意を持続することが困難
　ⓒ 話をきちんと聞けないように見える（うわの空、注意散漫）
　ⓓ 指示に従えず、宿題などの課題が果たせない
　ⓔ 課題や活動を整理することができない
　ⓕ 精神的努力の持続が必要な課題を嫌う
　ⓖ 課題や活動に必要なものを忘れがちである
　ⓗ 外部からの刺激で注意散漫となりやすい
　ⓘ 日々の活動を忘れがち

●以下の多動性／衝動性の症状が6つ（17歳以上では5つ）以上あり、6か月以上にわたって持続している。

　ⓐ 着席中に、手足をもじもじしたり、そわそわする
　ⓑ 着席が期待されている場面で離席する
　ⓒ 不適切な状況で走り回ったりよじ登ったりする
　ⓓ 静かに遊んだり余暇を過ごすことができない
　ⓔ 突き動かされるような感じがして、じっとしていることができない
　ⓕ しゃべりすぎる
　ⓖ 質問が終わる前にうっかり答え始める
　ⓗ 順番待ちが苦手である
　ⓘ 他の人の邪魔をしたり、割り込んだりする

Ｂ　不注意、多動性／衝動性の症状のいくつかは12歳までに存在していた。
Ｃ　不注意、多動性／衝動性の症状のいくつかは2つ以上の環境（家庭・学校・職場・社交場面など）で存在している。
Ｄ　症状が社会・学業・職業機能を損ねている明らかな証拠がある。
Ｅ　統合失調症や他の精神障害の経過で生じたり、説明することができない。

※2 日本精神神経学会（日本語版用語監修）・髙橋三郎・大野裕（監訳）（2014）
『DSM-5 精神疾患の診断・統計マニュアル』医学書院より

図6[*3]　ADHDとASDの比較

ADHDとASDは似て見えるところもありますが、併存することも多くあります。
以下のような違いが見られることもあります。

	ADHD	ASD
多動	〈あることも〉 場面に関係なく、動き回ることが多い	〈あることも〉 新しい場面・状況やルールが分からない、不安なときに動き回る
衝動性	〈あることも〉 待つことができない	〈あることも〉 状況が読めないので、突然の思いつきで動いているように見える
不注意	〈ある〉 気が散りやすい 1つのことに集中する時間が短い	〈あることも〉 好きなことには熱中するが、興味がないものに対しては集中できない
言語	おしゃべりだったり、早口で自分中心にしゃべることはあるが、会話のやりとりに不自然さはない	難しいことばを使ったり、大人びたしゃべり方をしたりすることも。話し相手を無視した一方的な会話。ことばの意味を字義どおりに捉えて、たとえやユーモアが通じない
対人関係	〈さほど問題なし〉 周囲の反感を買う行動のためトラブルを起こしやすいが、基本的には対人関係が理解できるので、同年代の子どもと適切な関係を築くことができる 「さほど問題なし」とはいえ、思いもよらぬところで、人とのかかわりに苦労していることがある。対人関係は注意して見守る	〈中心的な症状〉 人とかかわることにまったく関心がないタイプ。風変り、一方的、冗長で無神経な方法で人とかかわるタイプ。他者に言われるがままに動く、自分の気持ちをうまく表せないタイプもいて、過剰適応していることも多い
こだわり	〈ない〉 物事への極端な執着やこだわりはない	〈ある〉 興味の幅が狭く、深い。好きなものの情報や事実を集めるのに膨大な時間を費やす。日常生活において、決まったやり方をすることを好む
感覚	〈問題なし〉 極端な感覚の過敏さ、鈍感さはない	〈あることも〉 聴覚、視覚、触覚などで過敏さや鈍感さが見られる

※3 司馬理英子（2019）『スマホをおいて、ぼくをハグして！』主婦の友社より

14

　幼児は全般的に行動面において発達途中にあり、実に多彩な姿を見せるため、その子どもが今目の前で見せる行動が診断の確定につながるかどうかの判断が難しい側面もあります。

　また、注意欠如・多動症（ADHD）と自閉スペクトラム症（ASD）の特性を併せ有する場合もあり、例えばADHDの特徴である「多動」が目立つ一方で、ASDの特徴である「人とのかかわりの苦手さ」も見られることがあります（図6参照）。以前は、自閉症と診断したら他の診断名はつけられなかったのですが、今は重複して診断することが認められており、実際にそのように診断されている子どもは多く存在します。

　ADHDには薬物療法※4が適用されることもあり、効果をあげていますが、子どもによっては副作用の問題があり、医療機関の管理や家族の協力が必要です。

限局性学習症／学習障害（SLD/LD）

（SLD：Specific Learning Disorder）

学習能力上の困難さが見られる

　全般的な知的発達に遅れはありませんが、国語の読みや書き表現、算数などの教科のうち、どれかに極端な遅れが見られる場合、限局性学習症が疑われます。原因はまだ明らかになっていませんが、生まれつきの脳の機能障害と考えられており、ほかの障害と併せ有する子どもも多くいます。

　園において集団で過ごす中では、それほど困難性が目立たず、学習能力上で課題になってくる姿が多いため、就学前に気づかれることはあまりありません。ただ、幼児期の段階でことばの遅れや手先の不器用さ、ぎこちない体の動きといった姿が見られることがあります。

　園で「今後、学習面でフォローが必要かも……」と気になる様子が見られたら、このことを保護者と相談して、話し合いの結果、必要であれば就学前健診が行われるときに申し送りするなどのサポートが大切です。

※4 保育所において薬を与える場合は、医師の指示に基づいた薬に限定します。その際には、保護者に医師名、薬の種類、内服方法等を具体的に記載した与薬依頼票を持参してもらいます。保護者から預かった薬については、他の子どもが誤って内服することのないように施錠のできる場所に保管するなど、管理を徹底しなければなりません。与薬に当たっては、複数の保育士等で、重複与薬、人違い、与薬量の誤認、与薬忘れ等がないよう確認します。（保育所保育指針解説書より抜粋）

第2章

専門的なアプローチを生かす

専門機関では障害のある子どもにどのような支援を行っているのでしょうか。きっと、保育にも生かすことのできるヒントが詰まっています。

障害のある子どもの支援にかかわる法律

（増田和高）

まずは、障害のある子どもへの専門的な支援はどのような法律・制度に支えられているのかを、知識としてストックしておきましょう。

【「障害者総合支援法」と「児童福祉法」】

「障害者総合支援法」は、障害のある人の生活を支える事業や、事業を提供する機関の業務内容などを定めた法律です。もちろんこれらの法律の中には"障害のある子ども"を対象とする制度も含まれていますが、障害のある子どもが利用できる制度については「障害者総合支援法」よりも前に、「児童福祉法」でも定められていました。そのため、2つの制度が障害のある子どもに対する事業を展開するという、少々煩雑なシステムになっていました。

　今でもこの2つの法律が障害のある子どもへの事業を運営することに変わりはありませんが、「障害者総合支援法及び児童福祉法の一部を改正する法律（2016年）」に代表されるように、これまでの法改正で各種事業の調整が行われ、下記のように整理が進んできています。

「障害者総合支援法」	「児童福祉法」
重度の障害や重い疾患があり、外出することが著しく困難な子どもに対する事業について定める。	施設に通って受ける通所事業や入所施設事業について定める。

　保育所・幼稚園・こども園に通う子どもに関係してくるのは、主に児童福祉法で定められている通所事業、「児童発達支援」でしょう。どのような事業なのか、次ページから詳しく説明していきます。

「児童発達支援」とは

保育者もよく耳にすることばではないでしょうか。
ベースにある概念や事業内容について解説します。

【「療育」から「発達支援」へ】

「療育」ということばを聞いたことのある保育者は多いことでしょう。整形外科医であり、日本で初めて肢体不自由児施設を創設した高木憲次氏が1942年に初めて提唱したことば・概念で、「療育とは医療、訓練、教育、福祉などの現代の科学を総動員して障害を克服し、その児童がもつ発達能力をできるだけ有効に育てあげ、自立に向かって育成すること」を指しました。この時点では、"療育"の主な対象は肢体不自由児であり、"チームアプローチによる治療教育的支援"という概念であったと考えられます。

その後、同じく整形外科医で北九州市立総合療育センター初代所長であった高松鶴吉氏は、"療育"の対象をすべての障害のある子どもに広げるとともに、「注意深く特別に設定された特殊な子育て、育つ力を育てる努力」として、"育児支援"の重要性も強調しました。

後に、障害が確定していない子どもにも療育の対象を広げ、家族への育児支援も含めて広く捉えた「発達支援」という概念が誕生。さらに、障害があっても育ちやすい、"暮らしやすい地域づくり＝地域支援"までも包括した広い概念に発展しました。

つまり、「発達支援」とは、医学モデルの支援だけにとどまらず、家庭や地域での育ちや暮らしまでも支援する生活モデルの支援を重要な視点としてもつ概念なのです。

【「児童発達支援」 事業の内容】

　障害のある子どもへの支援において「発達支援」という概念が広がっていった中で、2012年に児童福祉法が改正されました。その際に、障害児通所支援の１つとして定められたのが「児童発達支援」※です。

　それまでも障害のある子どもが通う施設はありましたが、この改正によってそれまで障害種別に分かれていた施設が一元化され、より地域の身近な場所で支援を受けやすくなりました。身体の障害や知的障害、発達障害などのある就学前の子どもたちが対象ですが、障害者手帳を持っていなくても、発達支援の必要があると判断された場合は利用することができます。厚生労働省では、「児童発達支援」を次のように定義しています。

> ※児童発達支援は、障害のある子どもに対し、身体的・精神的機能の適正な発達を促し、日常生活及び社会生活を円滑に営めるようにするために行う、それぞれの障害の特性に応じた福祉的、心理的、教育的及び医療的な援助である。
> （「児童発達支援ガイドライン」 厚生労働省より引用）

【児童発達支援を行っている施設】

　児童発達支援を行う施設には「児童発達支援センター」と「児童発達支援事業所」があります。

●児童発達支援センター

　地域の障害児支援の中核的な役割を担い、各自治体ごとに1か所は設置できるよう整備が進んでいます。通所する子どもの発達支援のほか、家族の相談にのってアドバイスも行います。また、地域の保育・幼児教育施設に出向いて専門的な知識と技術のもと保育者に助言や援助をするなど、センターに通っていない子どものケアも担います（保育所等訪問支援）。放課後等デイサービス＊を併設している所もあります。

●児童発達支援事業所

　児童発達支援センターと同様、就学前の子どもの発達支援・家族支援を行う施設ですが、利用者が通所しやすいよう、できる限り身近な地域に多く設置し、量の拡大を図る意味で設けられています。

都道府県・指定都市

 認可　　　　　　　　 認可

児童発達支援センター	児童発達支援事務所

児童発達支援
・通所利用の未就学の障害のある子どもに身近な地域で療育を行う
・通所利用の未就学の障害のある子どもやその家族を支援

地域支援
・障害児相談支援
・保健所などの訪問支援

イメージとしては、児童発達支援センターのほうが幅広い支援業務をもっており、利用目的と利便性に応じて選択していくことになります。

＊放課後等デイサービス：障害のある就学児が、授業の終了後または休業日に児童発達支援センターで生活能力の向上のために必要な支援や社会との交流促進、その他のサービスを受けることができる。

【児童発達支援の内容】

　児童発達支援を、保育所や幼稚園に通う代わりに毎日利用する場合もあれば、園に通いながら週数回利用する場合もあります。親子で通う、子どもだけが通うなど、その子どもの状況や施設のタイプによって形態・料金はさまざまです。

　施設では、以下のようなさまざまな専門家が支援や指導にあたっています。

●作業療法士（OT）
　あそびや活動をとおして、不器用さや運動面、基本的な生活動作の指導を行います。

●理学療法士（PT）
　立つ、歩く、座るなど、基本的な運動機能の発達を促す指導、相談を行います。

●言語聴覚士（ST）
　ことばの発達や発音、聞こえなどに心配のある子どもの指導を行います。そしゃく・嚥下（えんげ）機能（食べ物を飲み込み、胃に送り込む機能）の発達を促す指導も。

●臨床心理士（CP）
　発達の偏りや情緒面に心配のある子どもの幅広い相談、指導を行います。

　こういった専門家が、認知・言語・運動面の発達支援や、身辺自立・社会的スキルを身につけることなどを目的に、その子どもの状態やペースに合わせてプログラムを考え、じっくりとかかわっていきます。1対1の個別プログラムだったり、2〜5人程度のグループプログラムだったり、目的に沿ってその子ども独自の内容を計画していきます。

発達支援と保育をつなぐ

（安藤 忠）

障害児保育セミナーで得られた、発達障害のある子どもとのかかわりで
大切なことを解説します。

【エビデンスをもとにした評価・分析方法の作成】

　障害のある子どもたちの教育は、特別支援教育法の制定、そして近年
のインクルーシブ教育と変化の中で、それまでの教育体制の中で十分対
応できなかった自閉スペクトラム症、注意欠如・多動症などの発達障害
のある子どもたちへの支援体制がようやく整えられつつあります。その
背景には、学校教育につなげる保育所、幼稚園での保育・幼児教育、発
達支援などの取り組みの結果が実を結んできたのではと考えています。

　私が発達障害のある子どもたちの保育にかかわり始めたのは、1981
年の大阪府社会福祉協議会が主催する障害児保育専門ゼミナールからで
す。2年後の1983年からは神戸市社会福祉協議会の主催でも障害児保
育ゼミが始まりました。

　ゼミでは、「発達障害のある子どもたちの保育を考えるうえで、エビ
デンスを主体とした保育の評価・分析方法がない」という声が、参加者
から多く寄せられました。現在はSNSなどで発達障害に関するさまざ
まな情報や、チェックポイントを見つけることができるようになりまし
たが、当時は知的障害のある子どもの行動観察から得られたデータしか
ありませんでした。その声は発達障害を理解して、経験や思いつきでは
ない保育計画を作りたいと願っている保育士の声のように聞こえてきま
した。

　そこで、評価・分析方法の作成を目標に、ゼミに参加していた現場の
保育士の力をお借りしてオリジナルスケール作りから始めました。環境
的に刺激が多い保育所で多様な子どもたちの行動に適合できるように、
試行錯誤とマイナーチェンジを繰り返し「乳幼児社会性発達プロセスの
類型化に関する研究」でも発表しました。

　この本では、このオリジナルスケールを用いた約800人の発達障害
のある子どもたちの評価と保育目標をエビデンスとしました。また、ゼ
ミで保育士のみなさんと話し合ったことを思い出しながら発達支援と保
育について、❶子どもをとらえる視点、❷人間関係を育む保育所を、こ

の本を読まれている皆さんにメッセージとして届けたいと思います。

■1 子どもをとらえる視点

　子どもをとらえる視点とは、「子どもは多様な環境との相互作用の中でさまざまな経験をしながら影響を受けている」ということです。家庭では保護者やきょうだい、ときどき訪れる友人や親せき、保育所では通ってくる子どもたちや保護者、保育士やその他の保育所スタッフなど、さまざまな人とのかかわりの中で生活しています。さらに、子どもの成長、発達に伴い、環境も子どもの社会も広がり変化していきます。

　障害のある子どもたちの問題を考える際に、その要因を障害や家族に見いだそうとする傾向がありますが、「木（できないことや課題）を見て森（一人の子ども）を見ず」にならないように、保育者は子どもの生活環境を把握しながら、その中で子どもができることや変化していることを見つけ、それを家族（養育者）と話し合うこと、共有することが何よりも重要と考えています。その積み重ねが、子どもと養育者、子どもと保育者、養育者と保育者の信頼関係につながっていきます。

　セミナーでも、子どもの社会性を身につけていくには信頼関係が基盤になっていることを保育士のみなさんと確認することができました。子どもとの信頼関係構築について、洗足短期大学の岡本かおり氏は、「保育者の自己充実感や実践態度にまで影響すること、さらにそれらが子どもの変化や保護者の変化と関連する」（応用教育心理学研究　第38巻　第1号、通巻第53号、P.3～18／2020年10月）と述べられています。

■2 人間関係を育む保育所

　昭和、平成、令和と時代の変化の中で、多くの子どもたちが家庭を離れ初めて集団生活を送る保育所や幼稚園、こども園の役割は重要になってきました。ここでは、前記した「信頼関係」をもとに人間関係を育む保育施設の役割について述べます。

　セミナーでは、発達障害のある子どもの保育課題として、好きなあそびに一人で熱中している、人の思いや気持ちが理解できない、集団であそぶルールが理解できない、自傷行為や他害行為への対応をどうすればよいかなど「かかわりにくさ」が挙げられてきました。さらに、これらの課題は養育者にとっても育児の「育てにくさ」にもつながっています。

　保育施設は、障害のある子どもの「かかわりにくさ」や「育てにくさ」に対して、子どもの居場所（養護）であること、社会性を身につけ

る（教育）を展開する役割があります。その役割を担っているのが、子どもとの信頼関係を築きながら子どもの主体性や自主性を引き出していく保育者のみなさんです。障害のある子どもにとって保育者や他児とのかかわりは、人間関係を学ぶ貴重な経験になります。保育現場では「かかわりにくさ」と葛藤する毎日と思いますが、その葛藤がいつか心躍る子育ての実践につながると思います。

　最後に、保育者のみなさんはカウンセラーではありませんが、『幼児保育とカウンセリングマインド』（氏原寛・東山鉱久 共編著、ミネルヴァ書房、1995）は、人間関係の取り組みの参考になると思い、本の中から保育者として心にとどめたい大切な4つのポイントを紹介させていただきます。

① 「やさしさ」は…安心できる雰囲気
② 「思いやり」は…相手の気持ちへの共感
③ 「強さ」は…揺るがず、逃げず小さなことにはこだわらない態度
④ 見守って待つゆとり

保育者が知っておきたい発達支援アプローチ

児童発達支援で実践されているアプローチをいくつか紹介します。
これらは一人ひとりの状態に合わせてアレンジして用いられています。

応用行動分析（ABA）（→具体例P.56〜73）

（安原佳子・米倉裕希子）

　応用行動分析（Applied Behavior Analysis　以下ABA）は、人の「行動」に焦点を当て、その人を取り巻く環境を調整していくことで、行動を変える方法です。まだ身につけていない「行動」を新しく身につける（できる）ようにしたり、すでに身につけている「行動」を増やしたり減らしたりする理論と実践の方法をいいます。特別支援教育や障害福祉の現場でよく使われていますが、それだけでなく、日常生活のさまざまな場面や家族関係、人間関係の調整などにも役立ちます。

【行動を分析する枠組み】

　ある「行動」に焦点を当てた場合、時間の流れから見ると、その人がいる環境の中ではなんらかの「事前の出来事（きっかけ）」があり、「行動」の後、「事後の出来事（結果）」があります。そして「行動」に影響するのは、「事後の出来事」だというものです。

❶ 事前の出来事（きっかけ）　➡　❷ 行動　➡　❸ 事後の出来事（結果）

　例えば、かかってきた電話に出る場合。「電話の音が鳴る」⇒「電話に出る」というように、事前の出来事に行動が決められていると思いがちですが、もしそれがいたずらや嫌がらせの電話だったらどうでしょうか。きっと、電話の音が鳴ってもすぐ出ずに相手の番号を確かめたり、いたずらが続くと電話に出なくなったりするでしょう。
　「電話に出る」⇒「用事を済ませることができた」「相手と話して楽しかった」というようなプラスの印象があってこそ、電話に出るようになるものです。このように人は行動後の出来事の影響を大きく受けて、行動を繰り返したり、逆にしなくなったりすることが分かります。

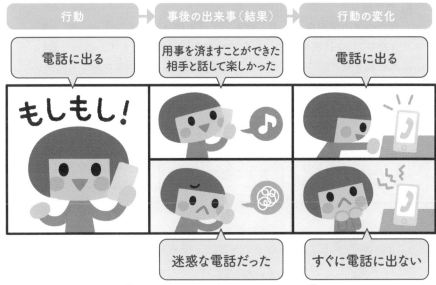

【その後の行動の3パターン】

　このように、事後の出来事の影響を受けて行動は変化しますが、それには主に次のような3つのパターンがあります。

1 正の強化

　ある行動の後の出来事がその人にとって「快（うれしかったり、心地よかったり）」の状況の場合、行動の頻度が増加するというものです。

② 罰（弱化）

　行動の後の出来事がその人にとって「不快（楽しくなかったり、嫌だったり）」な状況の場合、行動の頻度が減っていきます。この「罰」は人を罰するということではなく、あくまでも<u>行動頻度が減ったときのパターンに対する名称</u>です。行動頻度が減るということで「弱化」と呼ばれることもあります。

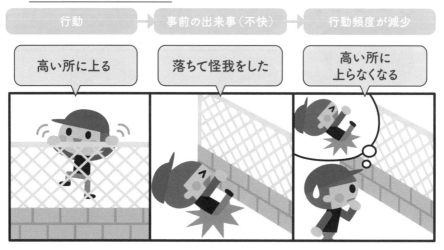

③ 負の強化

　事前の出来事として「不快」な状況があり、ある行動をしたら不快な状況がなくなるとき、<u>不快な状況になるとその行動が増えていく</u>というものです。

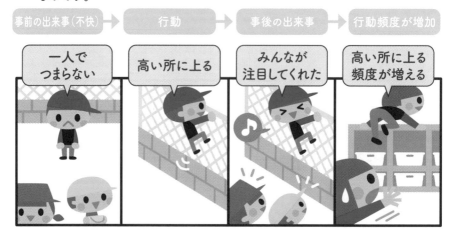

28

【望ましくない行動を止めるには】

　子どもが自他を傷つけるなどのような望ましくない行動をしたときに、後の状況がその子どもにとって心地よい、あるいは嫌なことから逃れる状況になっていないかを見ることがポイントです。望ましくない行動への対応は2パターンあります。

１ 望ましくない行動を減らす、なくすことに焦点を当てる

　行動を分析し、「正の強化」で行動が成り立っている場合、行動の後に楽しい状況にならないようにします。「負の強化」の場合は、不快な状況をつくらないよう工夫します。「罰（弱化）」のパターンでも行動は減らすことはできますが、不快な状況を新たにつくることになり、人権を侵害することにつながりかねません。また、「先生、友だち、園＝嫌！」となってしまう可能性も。極力「罰」のパターンは使わず、使わざるを得ない場合は、リスクを念頭に置く必要があります。

２ 新しい適切な行動を身につけることに焦点を当てる

　適応的な新しい行動が増えるほど、引き算で望ましくない行動は減っていきます。新しい行動を身につけるには、「正の強化」のパターンで考えます。ただその際、子どもがすぐにできそうなことを目標にスモールステップで対応することが大切です。頻繁に楽しい状況を提供し、それを繰り返すことで、行動も身についていきます。

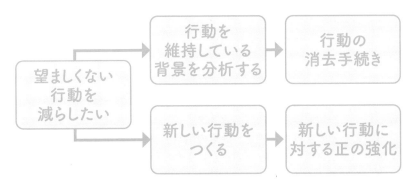

　日常生活の中で行動が身についていくのには、さまざまな要因が絡み合っているものですが、何かの行動を身につけてほしい、この行動は減らしていきたいなどと考えて子どもとのかかわりを見直す場合、できるだけ単純な図式で考えることで、解決策が見えてくることもあります。そのような場合に、ぜひこのABAの枠組みを思い出してみてください。

TEACCH プログラム (→具体例 P.74〜83)

　ノースカロライナ大学「TEACCH®（ティーチ）自閉症プログラム」は、アメリカのノースカロライナ州で自閉スペクトラム症（以下ASD）のある人とその家族に対して行われている支援システムのことです。1972年にエリック・ショプラー博士らによって創設されました。

　プログラムの柱は以下の3つです。
1️⃣ 生涯にわたる地域に根ざした直接サービスの提供
2️⃣ 教師・施設職員、その他専門職のトレーニングやコンサルテーション
3️⃣ ASD に関する研究とモデルプログラムの開発

　チャペルヒルにある本部のほかに州内に7つの地域センターと就労支援プログラムおよび居住プログラムがあります。近年では、より早期の診断と介入、知的な遅れのないASDの人への支援、高齢化への対応などの新たなニーズの拡大に対応して、さらに発展し続けています。
　TEACCHでは、その人が地域の中で、最大限に適応し生活できることを目標にしています。そのためにASDのある人の学習スタイルに合わせた指導によって新しいスキルを身につけることを援助すると同時に、その人がASDの特性のため困難な部分については、環境側をその人の特性に合わせて配慮・調整することの両方によって、当人の能力が最大限に生かされることを目指しています。

【ASD の特性や学習スタイル】

　ASDのある人への発達支援を考える際に重要なことは、脳の情報処理のしかたや学習のしかた（学習スタイル）が定型発達の人と異なっていることを理解することです。最近の脳科学研究の成果で、注意や感覚処理のしかたが異なることが明らかにされています。この神経発達の違いが、ASDの人たちのユニークな強みと困難さを産み出しています。
　ASDの特性や学習スタイルについて簡単に説明します。

●潜在的な学習（自動的な学習）の困難
　私たちは多くのことをあえて意図的に教えられなくても無意識的に身につけています。たとえば、その状況に応じた声の大きさや人との距離

感など。ある机にのぼって叱られたら、別の机にものぼらないなど、暗黙のうちに理解します。このような暗黙の了解が、自然には身につかないのです。

●注意の違い

誰も気づかないような細部に注意が向く半面、その状況の全体像をとらえることが困難です。また、強い興味のあるものから注意を切り替えることが難しく、保育場面では興味のあるものへのこだわりや集団活動ではその場で何が行われているのかの全体像の理解にも苦労しています。

●実行機能の問題

活動の流れの理解や計画が困難です。実行機能の問題は、活動を開始したり終了したりすることの困難にも関係しています。保育場面では声かけがあれば取りかかれるのに、なければ始めなかったり、逆にいったん始めたことをなかなか終われなかったりします。

●他者の視点をとることの困難

他者の感情や意図を理解することが困難です。保育士と1対1の関係の中では対応できても、複数の子ども同士のやりとりでは、どのように対応したらよいのか分からなくなりがちです。そのため、マイルールでその場を仕切ったり、逆に極端に受動的になったりすることがあります。

●コミュニケーションの困難

ことばを耳で聞いて理解するよりも、視覚的な情報や記憶に頼って理解をしています。またことばを字義どおりに捉えることもあります。そのため、いつもと同じ流れではことばの指示が理解できているように見えても、初めての場面や変更があった際には、ことばだけでは混乱してしまいがちです。

表情やアイコンタクトなどのことば以外のコミュニケーションの理解や表現にも困難があります。自分の要求や感情をことばで伝えることが難しく、問題の行動として現れることがあります。

●感覚処理の問題

聴覚・視覚・触覚・味覚・嗅覚などの感覚が、過敏だったり、鈍感だったりします。本人がどのように感じているか周囲の人には分からないため、行動面では突然のかんしゃくや拒否や無反応として現れることがあります。一人ひとりの感覚特性は異なっていますし、一人の子どもでも体調や状況によって感覚処理の状態は変動します。

【氷山モデル】

　TEACCHでは、外から観察可能な行動の背景にある原因を、外からは見えないASDの特性や学習スタイルから仮説を立てて検討するアプローチを、氷山に例えて、「氷山モデルによるアプローチ」と呼んでいます（Schopler 1989,1995;Van Bourgondien 1993）。氷山モデルによる問題解決のアプローチには、次のようなステップがあります。

【STEP ❶ A. 行動を定義する】
　課題となっている行動を書き出します。
【STEP ❶ B. 本人に期待されている活動や行動について記載する】
　本人に本来行ってほしい行動を書き出します。
【STEP ❷ データを収集する】
　行動を観察し、以下のような点について確認します。
・場面、状況：いつ、どこで、誰と
・先行事象：その行動が起きる直前に、何が起きたか？
・結果：その行動が起きた後の他者の反応
・その子どもの反応：結果に対して、その子どもはどのように反応したか
・注釈：どのような場面では、その行動は起きないのか？　など
【STEP ❸ 仮説を立てる】
　データをもとに、どのようなASDの特性や学習スタイルが、その行動に関係しているかの仮説を立てます。
【STEP ❹ 介入と予防を計画・実行する】
A 視覚的支援と方略を考えたり、修正したりする
　その子どもの学習スタイルに合わせて、視覚支援やその他の方略を計画し、実行してみてさらに修正を加えます。
B 期待されている行動に対応する新しいスキルを教える
　コミュニケーションスキル、社会的スキルやルール、ストレスへの対処法などを教えます。
【STEP ❺ その行動が起きた場合の計画を立てる】
A 周囲の大人が統一した対応をとるようにあらかじめ計画しておく
B データを再評価し、STEP ❸と STEP ❹を繰り返す

観察された行動	期待されている行動
・給食時に席を立ってウロウロする ・保育室から外に飛び出す	・着席して給食を食べ、食べ終わったら片づけや歯みがきをする ・生活発表会の練習に参加する

観察された行動について 自閉スペクトラム症の観点から仮説	期待されている行動をとるための 視覚的支援・指導方略とスキル

TEACCH® Autism Program, Fundamentals of Structured TEACCHing 2022 配布資料を元に作成

水面上から（外から）見える行動は同じでも、背景の要因は、子どもによって、また同じ子どもでも、そのときの状況によってさまざまです。

また、長年かかって形成された行動は、すぐには改善できない場合もあります。しかし、表面化しているいわゆる"困った行動"に対して、周囲の人がそれぞれバラバラな対応をすると、かえって子どもを混乱させてしまい、その問題行動がこじれてしまうことになります。

そうならないためにも、家庭と問題を共有して客観的なデータ収集に基づいて行動分析を行い、水面下のASDの特性から、なぜその行動が起きているのかという仮説についても共有し、チームでアプローチすることが非常に重要です。

問題の行動に対する氷山モデルの活用については、第3章（P.76〜P.83の事例で解説します。

ソーシャルスキルトレーニング（SST）

「ソーシャルスキル」とは、社会（ソーシャル）という集団の中で円滑に生活を送るための技術（スキル）のこと。

発達障害のある子どもの場合、このソーシャルスキルの獲得が難しく、結果として集団から外れてしまったり、ほかの子どもたちとトラブルになったりしがちです。そのままだと、ますます人とのかかわりをもちにくくなってしまうため、幼児期から意識的に教えていく必要があります。

【子どもに教えたいソーシャルスキル】

まず伝えたい基本的な事柄は、次のようなことです。
・あいさつをする
・謝る
・お礼を言う
・断る
・許可を求める
・乱暴をしない
・要求をことばや動作で伝える　など

これらは、身につけておかないと、本人も周りも困ってしまう基本的な社会・対人ルールです。ただ、身につくまでには時間がかかるため、繰り返し教え、伝えていく必要があります。

【ソーシャルスキルトレーニングの内容例】

「友だちとのやりとりを学ぶ」「自分の感情をコントロールする」というように、さまざまなテーマのプログラムがあります。内容や目的によって、大人と1対1で行ったり、少人数グループで行ったりします。

さまざまな実践方法があり、その一部は以下のようなものです。

●ゲーム

ルールの理解や勝ち負けに伴う感情のコントロール、友だちと協力するといったさまざまな要素が含まれています。子どもの課題を意識しながら取り入れ方をアレンジしていきます。

●ロールプレイ

どんなときにどんな振る舞いをしたらよいのかを、大人が人形などを用いて演じて見せたり、子ども同士で役割を演じたりして学んでいきます。

●共同活動

友だちと一緒に「何かを作って、それであそぶ」といった楽しいゴールに向かい、相談し合ったり、協力し合ったり、役割分担したりする体験をします。

●ソーシャルストーリー™

ソーシャルストーリーは、ある場面を表す絵と、その状況を表す短い文章が書かれたもの。その文章を子ども自身が読んだり、大人が読んで聞かせたりすることで、それぞれの場面での適切な振る舞い方を学びます。

社会性に課題のある子どもの場合、注意されたり叱られたりすることが多くなりがちで、自尊心が低下している子どももいます。取り組む際には、子どものよいところやできたことに目を向け、ほめたりプラスのことばかけを重ねたりすることで、SSTが楽しい体験となるように意識することが大切です。

感覚統合アプローチ （→具体例 P.46 〜 103）

（辻 薫）

　感覚には、「視覚」「聴覚」「味覚」「嗅覚」「触覚」や「前庭覚」（重力や動きの速さ・方向・回転を感じる感覚）、「固有覚」（筋肉や関節から感じる感覚）があり、これらの感覚の感じ方には個人差があります。

　感覚統合アプローチでは、まずあそびや課題、日常生活動作などのあらゆる場面で、こういった感覚の情報が脳でどのように処理されているかを分析・解釈します。そしてその仮説をもとに、子どもが感じた感覚に対して適切に反応・行動（＝適応行動）できるように調整したり、対人・対物とのかかわり方を望ましい行動として学習できるようにしたりすることを目的に、子どもの自発性を尊重することを大切にしています。

【感覚統合理論から見た子どもの理解】

　人は身体の内外からさまざまな感覚刺激を受け取り、神経を通して脳にその情報が伝達処理されます（感覚情報）。このように、感覚が脳に伝達されることによって快・不快を感じたり、環境にある物や人に注意を向けて興味・関心をもったりすることを「知覚体験」といいます。

　知覚体験は一人ひとり違います。例えば、同じようなあそびや課題をしていても、子どもたちの反応を見ていると、積極的にどんどん触ろうと手を動かす子どももいれば、なかなか自分から手で触ろうとしない消極的な子どももいます。また好きなあそびに偏りがある子どももいます。感覚の感じ方＝知覚体験が異なるということは、一人ひとり個性が異なるということにつながります。つまり、「あそびや課題は同じ設定でも、子どもたち一人ひとりの知覚体験は異なっている」という前提をかかわる大人が理解しておく必要があります。

　また、脳が「感覚」をどのように知覚しているのか。この過程を「感覚情報処理過程」と呼びます。脳内の状態を目で見ることはできません。

　そのため、感覚統合アプローチでは、設定されたあそびや課題でどのような感覚と身体の動きを必要とするのかを分析します。そして、実際に子どもがどのように行動するかをよく観察し、脳の感覚情報処理の状態を解釈・理解しようとします。

【得意な感覚情報処理と苦手な感覚情報処理】

　ASDのある子どもの場合、聴覚過敏や触覚過敏、バランス変化への過敏など、さまざまな感覚の受け取り方に過敏さがあります。

　これは脳の感覚情報処理のネットワーク（配線状態）や、感覚信号を送るための神経伝達物質の違いなどによって起こります。例えば、屋外での太陽光が苦手、大勢の子どもがいる体育館やプールなどの場所が苦痛（多くの音や声が反響して拡散される環境）、他の子どもが近づいて来ると触られるのではないかと不安になる、ベタベタの感触のものが苦手、食材が混ざる（においや味が混ざる）弁当やおかずが嫌で食べようとしない、身体が傾いたり足が地面から離れたりするすべり台やブランコなど、身体が不安定になる場面でパニックを起こす場合もあります。

　過敏のための回避行動がある反面、自分を安全・安心な状態に保つために、自分にとって快適な感覚情報や刺激を極端に好む傾向が見られることもあります。例えば、おもちゃの車のタイヤを回して見続ける、水をずっと触る、ドアの開け閉めを繰り返す、決まった服しか着ない、特定の物を手に持って放さない、といった姿が見られ、これを「こだわり」と呼んだりします。

　こういった背景を理解して対応しなければ、その子どもの不快や不安をかえって増強し、自傷行為やこだわり行動、他者への警戒心を強めてしまうことがあるので、注意する必要があります。

【安心して感覚情報を受け取れるように】

　受け取る感覚情報が、本人にとって「分からない」「予測がつかない」といった不快や不安につながるのではなく、「分かる」「見通すことができる」「こうすればできる」「快適」「安心・安全」であるようにかかわっていくことが、感覚統合アプローチの基本的態度・基本方針です。そのために、まずはその子どもの感覚情報処理の個別性や特性を把握し、それに応じた手立てを考えていきます。

　特にASDのある子どもの場合は、脳内のさまざまな感覚情報処理過程に特有の違いがあるので、生まれたときからの発達の道筋が異なります。そのことを理解したうえで、子どもの気づきや興味・関心の変化に寄り添いながら、無理せず、スモールステップで苦手な感覚運動経験や突発的な状況の変化への適応能力を養っていきます。

　具体的には、少しだけできた経験を積み上げていく方法、好きなあそびと組み合わせて少しずつ受け入れていく方法など、子どもの脳が感覚情報を取り込む時間（長さ）・空間（広がり）・強さ（感覚情報の質の強弱の程度）を考慮して段階づけていきます。

インリアルアプローチ（→具体例 P.104 ～ 109）

（安井千恵）

　インリアルは、INter REActive Learning and Communication（相互に反応し合うことで学習とコミュニケーションを促進する）の頭文字を取り、INREAL（インリアル）と呼ぶコミュニケーション・アプローチです。1974年にアメリカのコロラド大学で開発され、ことばの遅れのある就学前の子どもを対象とするコミュニケーション・アプローチとして始まりました。当初は子どもの「言語」に焦点を当てたセラピーでしたが、その後、言語指導からコミュニケーション指導へ変わっていきました。

【インリアルの基本理念】

　インリアルは、前言語期から会話期までのことばの発達を促すと同時に、コミュニケーションの発達を援助することを目的としています。コミュニケーションとは、人と人との間に起こる相互作用であることに注目し、子どもだけの問題と捉えず、その子どもとかかわる大人の両者の相互作用に焦点を当て、やりとりをビデオで録画し、コミュニケーションの促進をねらっています。

インリアルが大切にしている基本理念は次のとおりです。

1 自由なあそびや会話の場面を通じて、子どもの言語やコミュニケーション能力を引き出そう
2 規範についてのテスト結果にとらわれず、実際のコミュニケーション場面から子どもの能力を評価しよう
3 子どもからあそびやコミュニケーションを始められる力を育てよう
4 上記の実現のために、大人のコミュニケーションの質を向上させよう

　このように、インリアルでは一人ひとりの子どもを尊重すること、また子どもの主体性を大切にし、子どもから始められる力（開始）をもつことを目標にしています。
　そのために大人からの開始を少なくし、応答的にかかわることで子どもから始められるチャンスをつくっていきます。これは子どものコミュニケーション意欲を支えることとなり、子ども自身の伝えたい意欲を引き出す援助的なかかわりとなります。

【かかわる大人の心がまえ】

インリアルでは、大人が子どもとのコミュニケーションをうまく進めるために、次のような原則を示しています。

1 子どもの発達レベルに合わせる
2 会話やあそびの主導権を子どもにもたせる
3 相手が始められるよう待ち時間をとる
4 子どものリズムに合わせる
5 ターン・テーキング（やりとり）を行う
6 会話やあそびを共有し、コミュニケーションを楽しむ

さらに、あそびやコミュニケーションの主導権を子どもがもてるように、大人は子どもの開始に反応していきます。その基本姿勢としてSOUL（ソウル：Silence Observation Understanding Listening）があり、次のようなねらいを提示しています。

● Silence（静かに見守ること）
　子どもが場面に慣れ、自分から行動を始めるまで静かに見守る。
● Observation（よく観察すること）
　子どもが何を考え、何をしているのかよく観察する。子どものコミュニケーション、情緒、社会性、認知、運動などについて能力や状態を観察する。
● Understanding（深く理解すること）
　観察し、感じたことから、子どものコミュニケーションの問題について理解し、何が援助できるかを考える。
● Listening（耳を傾けること）
　子どものことばやそれ以外のサインに十分に耳を傾ける。

また、ことばの発達を促すには大人のことばかけが重要です。子どもにことばの遅れがある場合、大人は指示や命令、禁止のことば（例：「くつはいて」「もう1回やって」「違うよ」いずれも語尾を強く言う）が多くなります。大人は積極的にことばかけをしているつもりでも、これでは子どもに、コミュニケーションが楽しいという気持ちや、もっとあそびたいという意欲がわいてきません。インリアルでは子どもが主導

権をもつことを大切にしています。そこで、大人のことばかけが子ども
の発達や特性に合っているかどうか、次のような視点で大人のかかわり
方をビデオ分析しながらフィードバックしていきます。

●ビデオのチェックポイント

❶ 子どものリズムに合わせているか

❷ 声の大きさは威圧的でないか、もしくは小さすぎないか

❸ ノンバーバルサイン（ことば以外のサイン）を添えてことばかけを
　 しているか

❹ 子どもの意図や気持ちをよく理解しているか

❺ 子どもと同じあそびをしているか（共有する）

❻ 早口になっていないか
　 など

　自分の姿をビデオで見るのは恥ずかしいかもしれませんが、なぜコミ
ュニケーションがうまく進まなかったのか原因が分かると、次の目標が
見えてきます。

【ことばかけの技法】

　インリアルで用いる具体的なことばかけの方法に「言語心理学的技法」があります。母親が赤ちゃんに語りかけるときの育児語を形態や機能から分類したもので、ことばの意味理解を助ける有効な支援であり、同時にコミュニケーションの楽しさを伝える働きがあります。技法それぞれに、以下のようなねらい（意味）があります。

●ミラリング
　　子どもの行動をそのまままねる

●モニタリング
　　子どもの音声やことばをそのまままねる

●パラレル・トーク
　　子どもの行動や気持ちを言語化する

●セルフ・トーク
　　大人の行動や気持ちを言語化する

●リフレクティング
　　子どもの言い誤りを正しく言い直して聞かせる

●エキスパンション
　　子どものことばを意味的・文法的に広げて返す

●モデリング
　　子どもが使うべきことばのモデルを示す

　実際のやりとりの場面では、子どもの発話や行動を聞いたり見たりしながら、「今、何ということばを言ったのか」を聞き取り、「何を意図して言ったのか」を理解して、「どのような適切なことばをかければよいのか」を瞬時に考えていくことになります。やりとりの中でこれらの技法をうまく使い、ことばの発達を促す有効な支援にしていくためには、意識的にことばかけをし、自分がかけたことばはどの技法にあたるのかを頭の中で変換できるようにすることが大切です。

知っておきたい相談先

（増田和高）

　障害のある子どもへの対応や生活上の困りごとなど、当事者だけで悩みを明確にして必要なサービスに行きつくことは容易ではありません。そこで、福祉サービスとして実施されている「相談支援」と「各種相談窓口」を紹介します。相談支援とは、障害のある子どもがどのようなことに困っているのか、どのような生活を送りたいのかを理解して、個々に合ったサービス利用に向けた橋渡しを行う事業です。各窓口で得意とする相談業務が異なるので、特徴を把握しておきましょう。

●一般相談支援事業者

　自治体から委託を受けた事業者で、インターネットなどで検索も可能。一般相談支援事業者は、障害のある子どもにとどまらず障害にかかわる日常的なことの相談にも対応してくれる窓口。困っているが、具体的に困っていることがうまくことばで表せないときや情報提供を求める場合などに活用するとよいでしょう。

●障害児相談支援事業者

　主に「障害児通所支援」を利用したいときに活用する窓口。障害のある子ども本人の状況や家族の話などを聞きつつ、障害児通所支援としてどのようなサービスを使うかを一緒に検討し、そのための計画（利用目的や目標、サービスの提供内容や量を示したもの）を作成する「障害児支援利用援助」などを行います。また、一定期間サービスを利用した中で、本当に本人の状況や利用目的に適したサービスが展開されてきたのかを見直していく「継続障害児支援利用援助」も行われ、専門的な知見からサービスの質の確保に取り組みます。

●特定相談支援事業者

「障害者総合支援法に定められるサービス」を利用する際の相談対応を行います。自宅で生活する障害児が利用できる障害者総合支援法のサービスの説明や、本人の意向や家族の意見を踏まえた利用のための計画（利用目的や目標、サービスの提供内容や量を示したもの）を作成する「計画相談支援」を実施します。

●児童相談所

　障害のある子どもへの支援にとどまらず、児童に関する各種相談に応じ、必要な調査判定や助言、指導を行っている機関。児童に関する家庭の相談に対して、専門的な知識や技術に基づいて助言を受けることができます。障害児入所施設への入所を考える際にも相談窓口となっており、入所の可否については児童相談所が調査を行って判断します。

●基幹相談支援センター

　地域の中には相談支援を行う事業所が多く存在するところもあり、それぞれに得意領域があります。さらに、種別によってさまざまな相談窓口の種類が存在するため、結局どこに相談しに行けばよいのか分からないという状況が発生することがあります。また、家族から相談を受けたがどの相談窓口を紹介すればよいか分からないということも生じてきます。そうしたときに頼りになるのが基幹相談支援センター。障害の種別に関係なく対応することができる相談支援事業所として機能しており、個別の事情に適した相談窓口の紹介を行います。業務の中で対応が難しい相談なども受けもっているため、経験豊かな相談員が配置されることが多いです。

第3章

子どもとのかかわり方を探る

保育者がかかわりに悩みがちな子どもたちの姿を挙げ、「保育ならではの視点」と「児童発達支援の専門的な視点」の両方から対応法を考えていきます。

保育と医療の専門家が一緒に考える

（山中早苗）

子どもを真ん中にそれぞれの専門性をもち寄って、
かかわりの可能性を探っていきます。

【子どもの気がかりな姿から】

　本書の冒頭で述べたように、本章では神戸市社会福祉協議会・大阪府社会福祉協議会が行っている障害児保育セミナーで事例検討された413名の子どものデータを分析し、多くの保育者が気がかりな姿として挙げた子どもの言動について具体的なかかわり方を考えていきます（セミナーやデータ分析の詳細はP.50参照）。

　セミナーで保育者から挙がった「気がかりな子どもの姿」は多岐にわたり、明確に区別ができないものや重なりが見られたものもありましたが、大きくは「**問題行動領域**」「**対人関係領域**」「**言語領域**」「**情緒領域**」「**日常生活領域**」の5つの領域に分かれ、具体的には次のような「11の姿」が浮かび上がってきました。

問題行動領域
- ほかの子どもに手が出てしまう
- 集中力がなく一定時間同じことができない
- 1つの所にじっとしていない
- 目を離すとどこかに行ってしまう
- 衝動的な行動が多い

対人関係領域
- ほかの子どもにあまり関心を示さない

言語領域
- ことばが出ない
- 理解できる単語が少ない

情緒領域
- 落ち着きがない
- かんしゃくが激しい

日常生活領域
- 好き嫌いが多い

【保育実践の検討と展開】

　気がかりな子どもの姿に対して保育者はどのようにかかわっていったのか、セミナーで多くの実践が語られました。その中で共通する姿勢として見えてきたのは、保育者は、<u>一見すると"問題"として映る子どもの行動の背景にある理由や、その子どもの思いに寄り添った対応を大切にしている</u>ということです。子どもの行動には意味があり、それを理解しようとすることが保育者には求められます。そのため、保育者は気がかりな子どもの姿を単に"問題"と捉えるのではなく、その行動にどのような子どもの思いが現れているのかを理解しようとしていました。

　気がかりな子どもへの支援には、直接的なものと間接的なものが存在しました。直接的な支援には、ことばをかける、思いを代弁する、そばについて取るべき行動を示すなど、状況や子どもの行動に応じたさまざまなかかわりが含まれます。直接的な支援を行う際には、その子どもや他児に危険がない限り、保育者は行動を制止せず肯定的に捉えてかかわっていました。さらに保育者は、子どもが安心して落ち着いた気持ちで活動できる環境をつくり、関心をもって取り組めるように活動の進め方を工夫していました。

　こうした子どもにことばをかけたりかかわったりする直接的な支援と、環境構成や活動の展開方法を工夫するといった間接的な支援の両輪で、保育者は子どもが安心・安定した気持ちで園生活を送ることを第一に考え、その子どもの気持ちを受け止めながら安全を守り、ほかの子どもとの関係づくりにつながるような対応を考え、実践しようとしていることが分かりました。

　セミナーには医療の専門家も参加しており、保育の視点と医療の視点を交えながら議論を深めています。本書でも同様に、保育・医学・発達支援などのさまざまな立場から実践や知識、技術、情熱をもちより、多角的に子どもへのかかわりについて考え、可能性を探っていきます。

　次ページからは、それぞれの姿に対して、まず保育者は実際にどのようにかかわっていこうとしていったのかを、セミナーでの報告を踏まえて説明します。そして、そうした保育実践に加え、発達支援の専門的な視点からさらに掘り下げ、子どもの気がかりな姿の理解やかかわり方を検討していきましょう。

障害児保育セミナーから分かった子どもたちの課題

（諏訪田克彦）

　神戸市社会福祉協議会と大阪府社会福祉協議会が主催する障害児保育スキルアップ研修会（以下、障害児保育セミナー）は、1983年から実施されています。障害のある子を担当する保育者が参加し、月1回の頻度でさまざまな事例の発表や意見交換が行われてきました。これまで参加した保育者は約2,000人に及びます。

　この本を作成するにあたり、ここ10年間の障害児保育セミナーで取り上げられた事例413名のデータを分析し、①**保育課題**、②**保育目標**の2点を整理しました。保育課題、保育目標について、このセミナーでは以下のように定義し、記述しました。

1 保育課題
子ども一人につき課題を3つ挙げ、優先順位を第1課題、第2課題、第3課題と付けて記述。

2 保育目標
3つの「保育課題」について、保育者がどのような取り組みを行ったのかまとめたもの。
※課題・目標は自由記述。

(1)分析方法

　413名のデータを、年齢・性別・診断名・保育課題・保育目標の項目ごとに分析。保育課題をまとめるにあたっては、整理する引き出しのようなものが必要と考え、間三千夫らが発表した『児の年齢階層別に見た母親の育児不安』（信愛紀要40、P.41-48、2000）で用いられている「児の年齢階層別・項目別に見た育児不安」をもとにデータ分析を行いました。

　「児の年齢階層別・項目別に見た育児不安」は、①**言語領域**、②**対人（社会性）領域**、③**情緒領域**、④**問題行動領域**、⑤**日常生活領域**、⑥**運動領域**、⑦**絵画領域**、⑧**健康領域**と8つの領域に関して、「〇〇ができない」「〇〇をする」という具体的な不安が全領域合わせて73項目あり、それぞれが年齢別にデータ化されています。今回の分析にあたっては、この8つの領域と73項目を引き出しとして利用し、保育課題を整理しました。

【例】
●保育者が挙げたある子どもの課題
「ウロウロする」「食事中に立つ」「部屋を走り回る」
　↓
「児の年齢階層別・項目別に見た育児不安」の８領域・73項目と照ら
し合わせると……
　↓
「問題行動領域」の中の項目「１つの所にじっとしていない」に該当する

(2)分析結果
●年齢・性別分類
　３歳の124人（30％）と４歳の145人（35％）が、全体の７割弱を占め
ており、男子が320人（77％）、女子が93人（23％）でした。
●保育課題
　３つの保育課題のうち１つ目の課題についてのみ分析し、集計した結
果、８領域の中で「絵画領域」「健康領域」に該当する事例はありませ
んでした。該当事例が一番多かったのは「問題行動領域」でしたが、ど
の領域にも属さない保育課題も多くありました。このことから、保育者
が課題にすることと、保護者の育児不安の視点が違うことも明らかにな
りました。

領域	人数	割合
問題行動	127	30%
対人関係	46	11%
言語	42	10%
情緒	40	9%
日常生活	14	3%
運動	1	0.2%
（なし）	143	34%

また、保育課題を「児の年齢階層別・項目別に見た育児不安」の8領域73項目に当てはめて整理した結果、10人以上の該当者がいた項目は、問題行動領域5つ、対人領域1つ、言語領域2つ、情緒領域2つ、日常生活領域1つで、次の11項目でした。

　　・ほかの子どもに攻撃的
　　・ことばが出ない
　　・1つの所にじっとしていない
　　・落ち着きがない
　　・集中力がなく長時間同じことができない
　　・目を離すとどこかに行ってしまうことが多い
　　・衝動的な行動が多い
　　・かんしゃくが激しい
　　・ほかの子どもに興味を示さない
　　・理解できる単語が少ない
　　・好き嫌いが多い

　また、今回事例検討した子どもたちについては、課題が3つある子どももいれば1つだけの子どももいたりと、それぞれに状況が違ったため、課題1だけでなく、課題2、3の3つを合わせた保育課題の分析も実施しました。その結果、保育者が課題としているのは次の5つであることも明らかになりました。

　　・ことばが出ない
　　・ほかの子どもに攻撃的
　　・1つの所にじっとしていない
　　・落ち着きがない
　　・衝動的行動が多い

　つまり、「母親の育児不安」の引き出しに集約された413人の子どもたちの保育課題から、保育現場では、「ことばに関すること」「他児への攻撃的行動」「落ち着き」「本人の衝動的行動」が課題となっていることが分かります。

　保育課題に対して、保育者がどのような目標を立て、どんな保育実践を展開していったのかについては、54ページからの解説で紹介していきます。

CASE

1

ほかの子どもに手が出てしまう

（山中早苗）

保育の視点から　周りの子どもたちとのかかわりを支える

　攻撃的な行動が課題となっている子どもの場合、その子どもの感情の揺れを察知して危険な行動を未然に防いだり、万が一のときにすぐに行動を制止できるよう見守ります。

　実際に攻撃的な行動をとってしまった場合は、その子どもがクラスで孤立しないよう、保育者や周りの子どもたちと信頼関係を築くための配慮も大切です。また、例えば待ち時間などに、「何をしたらよいか分からない」状態になると、見通しがもてず不安な気持ちになりやすくなります。できるだけそういう状態をつくらないような環境づくりや活動の進め方も考えてみるとよいでしょう。

　さらに、普段の生活の中で子どもがなんらかの役割を担うことが、周りの子どもがその子どもを認める機会につながります。そういった取り組みも、保育の中でこそ工夫できるアプローチです。

保育者のかかわりプラン

危険な行動が生じたときには、**止めに入る**

子どもの気持ちを受け止めながら、**行動ではなくことばで表現することを教えて**、相手の気持ちにも気づいていけるように働きかける

見通しがもてず、**不安定な気持ちになる時間をできるだけつくらないよう**に、声かけを工夫する

友だちを攻撃することは危険だと伝え、適切なかかわり方を伝える

高ぶった気持ちをしずめる際は、**クールダウンできる場所で1対1の対応を**

自分の気持ちを抑えることができたときに、**しっかりと認める**

保育のPOINT

攻撃的な行動をとる子どもは注意を受けることが多く、それがさらにその子どもの気持ちを不安定にして攻撃行動が現れる、といった悪循環に陥りやすくなる。保育者は、その子どもの行動の裏にある気持ちを理解し、**「自分は大切にされている」**と感じられるよう、ふれあう時間を積極的に設けたい。その積み重ねが、「困ったことや嫌なことがあったときには、保育者を頼ればよい」という**安心感と信頼感**を育んでいく。

専門家の視点から　応用行動分析の実践でかかわりを支える①

（→ 「応用行動分析」の詳細は第 2 章 P.26 参照）

（安原佳子）

　園の集団生活では、子ども同士でさまざまなトラブルが生じることもあります。そんなときにどのような対応をすればよいか、「応用行動分析」の視点で考えてみましょう。

「なぜ攻撃的な行動を身につけてしまったか」を分析する

　子どもが攻撃的な行動を繰り返す（行動頻度が増加している）ということは、「正の強化」か「負の強化」でその行動が強化されていると考えます（「正・負の強化」の基本解説はP.27 ～ 28参照）。例えば、「Aちゃんが周りの子どもをたたく」という行動で当てはめてみると、次のようになります。

【攻撃な行動を繰り返すメカニズム】

正の強化

❶ 行動	❷ 事後の出来事	❸ 行動の変化
周りの子どもをたたく	たたかれた子どもが泣いたり怒ったり、先生が慌てたり、注目されるなど、Aちゃんにとって楽しい状況になる	周りの子どもをたたく行動が増える

負の強化

❶ 事前の出来事	❷ 行動	❸ 事後の出来事	❹ 行動の変化
周りの子どもにお気に入りのおもちゃを取られた、やりたくないことをやらされている、周囲が騒がしいなど、Aちゃんにとって不快な状況がある	周りの子どもをたたく	おもちゃを取り返せた、先生から叱られたがやりたくないことをやらずにすんだ、周囲が驚いて静かになったなど、不快な状況がなくなる	不快な状況になったときには、周りの子どもをたたく行動が増える

Check! 子どもが攻撃的な行動をしたとき、そのあとの状況がその子どもにとってうれしい、心地よい状況になっていないか、あるいは、嫌なことから逃れられる状況になっていないかをしっかり確認！

「攻撃的な行動」への対応に、応用行動分析を活用する

それでは、攻撃的な行動を止めたいときはどうすればよいでしょうか。
対応には以下の２つのアプローチがあります。

① 攻撃的な行動を減らしたり、なくしたりすることに焦点を当てる。

② 攻撃的な行動ではなく、ほかの新しい適切な行動を身につけることに焦
　点を当てる。

【①攻撃的な行動の消去に焦点を当てる対応】

何がその行動を維持しているのかを分析し、そのうえで行動を減らし
たり、しなくなるような対応を考えます。「正の強化」でその行動が成
り立っている場合は行動の後に楽しい状況にならないようにする、「負
の強化」の場合はそもそも不快な状況をつくらないようにします。

正の強化で成り立っている場合

まず、保育者はAちゃんを叱るの
ではなく攻撃的な行動をブロック
し、攻撃されている子どもを守り
ます。その後、Aちゃんにとって
楽しい状況にならないような対応
や環境づくりを工夫しましょう。

負の強化で成り立っている場合

Aちゃんがどういう状況を嫌がっ
ているのか分析し、できるだけそ
の状況にならないようにします。

Check! 子どもが攻撃的な行動をする場合に、園に来る前のことが主な
原因の場合も。「行動」そのものだけでなく、前後の様子にも注
目し、なぜその行動が起きているのかを考えてみましょう。

【②適切な新しい行動を身につけることに焦点を当てる】

　攻撃的な行動は止めざるを得ず、同時に子どもたちのあそびや保育の流れを止めてしまうことにもなります。そうならないためにも、普段から攻撃的な行動が出ないような状況をつくることが必要です。

　そこで、攻撃的な行動に焦点を当てるのではなく、できれば「適応的な新しい行動を身につける」ことに焦点を当てた対応を考えていくことが重要になってきます。適応的な新しい行動が増えれば増えるほど、結果として攻撃的な行動は減っていきます。

新しい行動を身につける場合

新しい行動を身につけるには「正の強化」のパターンで考え、スモールステップで対応していくのがポイント。例えば、ことばが出ていない子どもに「一緒にあそぼう」とことばで友だちを誘うように促すのは難しく、この目標ではいつまでたってもそのあとに楽しい状況を提供することができません。その子どもがすぐにできそうな行動を目標にすることで、そのあとに頻繁に楽しい状況を提供することができ、それを繰り返すことで、行動も身につけることができるようになっていきます。

お友だちとあそびたいときは、この「あそぼうカード」をお友だちに見せて一緒にあそぼうね。

ABAを活用する際のポイント

　子どもの行動に対する対応を考える際には、その記録をしておくことが重要です。できるだけ具体的に明記することで、園全体で共有することができ、保育者によって対応が違ってしまいなかなか効果が出ないといったことが防げます。うまくいかなかった場合にも何が違っていたか振り返りやすく、次の手立てを考えやすくなります。次ページの記録シートを参考にしてください。

子どもの気になる行動 ①	いつどこで だれと何を している状況 ②③	目標 ④	どう対応するか ⑤⑥	結果 ⑦	備考

＜記録の項目＞

①具体的な行動
どのような行動か、行動頻度、誰に対してか

②その行動の前後の出来事
事前と事後の状況はどのようなものか、子どもの様子について、子どもの周りの様子について

③その行動の成り立ちの分析
「正の強化」によるものか「負の強化」によるものか

④具体的な目標
「〇〇しない」というマイナスの目標ではなく「△△する」というプラスの目標で（「たたかない」ではなく「肩を触る」など）

⑤子どもにとって快・不快の状況はどのようなものか
子どもは場面によって見せる姿が違うので、できれば複数の保育者で検討し整理する

⑥対応策
④～⑤から具体的な対応を考える、どのように環境（保育者の対応、周りの子どもたちの反応、物理的環境）を変えるか

⑦結果
行動の内容の変化、行動の頻度の変化、達成できた場合は次の目標と対応を考える、できなかった場合は目標と対応策を見直す

集中力がなく一定時間同じことができない

（山中早苗）

1つのあそびが続かず、次々違うあそびをする

活動中、すぐに飽きたりあきらめたりする

食事中立ち歩く

保育の視点から　刺激を減らし、意欲を高める環境を

　集中が続かない子どもは、外の工事の音に意識が向いてしまう、周りの子どもが気になるなど、音や周囲の動きに敏感であることや、興味の移り変わりが激しいことも課題となっているようです。そのため、落ち着いた場所であそんだり、活動に取り組んだりできるようになるべく刺激を少なくするような環境の工夫がポイントになります。

　また、着替えや食事といった生活の場面では、朝の支度をする前にあそび出す、食事中に立ち歩く、着替えに集中できないということが起きています。子どもが自分で生活を進めやすくなるような支援、「やりたい」意欲を高めるようなかかわりなども検討するとよいでしょう。

保育者のかかわりプラン

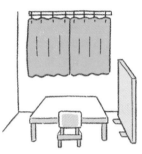

刺激を取り除いた**静かな空間を用意する**

活動時は、「何を」「どのくらいの時間」やるのかが視覚的に分かるように、絵や数字を使って伝える

> ほかの活動や周りの子どもの姿が**見えないように空間を仕切る**

子どもが見通しをもって取り組めるように、**手順や予定を表にして示す**

その子に合わせた課題を設定し、子どもが**達成感を得られるようにする**

保育のPOINT

子どもの興味やペースに合わせて、どんなあそびや活動だったらその子どもが主体的に取り組めるかを考え、提案することが大切。さらに、「どこまでならできるか」を子ども自身が決めて進めていくのを見守り、寄り添うかかわりを。

応用行動分析の実践で
かかわりを支える②

(→「応用行動分析」の詳細は第 2 章 P26 参照)

（米倉裕希子）

　子どもが「集中力がなく長時間同じことができない」というときの原因はなんでしょうか。いろいろな理由が考えられます。ここでは、多動な行動を見せる子どもの「特性」を踏まえて、応用行動分析をヒントに考えてみます。

背景と特性の理解

【ADHD のある子どもの場合】

　「多動」と聞いて最初に思い浮かぶのは、ADHD のある子どもたちです。ADHD のある子どもにとって、長い時間じっと座って集中して活動に取り組むのはとても大変なことです。

　ADHD タイプの子どもがあそんでいる姿を動画で見ると、活動の間、体が絶えずぴょんぴょん動いていることが分かります。うれしくて楽しいときほど興奮し、我慢しきれずあるいは我慢を抑えるために体が動くようです。周りの子どもがしていることが目に入ると興味をもって近づき、ついつい手を出してしまう……。その結果、嫌がられたり、注意されたりすると嫌な気持ちがわき起こり、その場から離れて部屋から飛び出そうとしてしまうのです。

【ASD のある子どもの場合】

ASDのある子どもは、おもちゃを1列に並べて遊ぶ、移動する際に同じ道順でなければパニックを起こすといったこだわりが見られます。こだわり行動は何時間でもできますが、一方で新しい活動が苦手で、慣れて理解するまでは落ち着きがなくできないこともあります。

また最近では、感覚刺激に対する過敏さや鈍感さが見られる場合があり、この感覚の違いが生活のさまざまな場面や人間関係において影響を与えていることが分かってきています。なかでも聴覚過敏のある子どもは、部屋のざわざわした音や机・いすを引きずる音などが苦手で、耳ふさぎをするしぐさが見られたり、耐えられなくなると部屋から飛び出したりすることもあります。

【知的障害のある子どもの場合】

知的障害のある子どもも、集中力が保てず同じことを続けられないことがあります。「今何をしているのか、どのようにするのか」など活動・場面・方法などの理解ができない、また短期記憶が苦手で何をするのかを忘れてしまうため、集中して同じ活動に一定時間取り組むのが苦手なことがあります。そうなると飽きてくるため、周囲にちょっかいを出して気を引いたり、別のことをしては注意されたりということを繰り返します。

また、周囲の子どもの動きに影響を受けやすいところもあります。動き回ったり別のことをしたりする子どもを意識し、そのような友だちをモデルにまねをしてしまう場合もあります。

このように、「集中力がなく、長時間同じことができない」背景には、さまざまな要因が考えられます。

Bくんの事例を「応用行動分析」で考える

ADHDのあるBくんの事例を、「応用行動分析」で検証していきましょう。

Bくんはじっとしているのが苦手です。興味のあること以外は集中できず、いすから離れて立ち歩いたり、部屋の外へ出ていこうとしたりします。

【STEP ❶ 「何をしているのか」に注目】

まず気になる行動を絞り、ターゲット行動（してほしい行動）である目標を設定します。「集中力がなく同じことが長時間できない」という行動ですが、「同じことをしない」のであれば、何をしているのでしょうか。観察し、考えてみましょう。

Check! その子どもが「しない行動」ではなく、「している行動」に注目すると、気になる行動の背景が見えてきます。

【STEP ❷ 「してほしい行動」を確認し、目標を設定】

　次に、保育者が期待するその場での「望ましい行動」についても考えてみましょう。

　「集中するために、どうすればじっと座って活動できますか?」という相談をよく受けます。でも、「じっと座る」ことを保育の「ねらい」にしたいわけではなく、「活動の楽しさを味わう」「好きなあそびを見つける」「自分でする」「自分でできたという達成感を味わう」ことを目標にしたいところです。そうすると、「その子どもにとって集中できる時間はどれくらい?」「どこまでだったら自分でできる?」という疑問が出てきます。

　「長時間」がどれくらいかという感覚は一人ひとり異なり、その子どもにとって集中できる時間は3分かもしれないし、5分かもしれません。3分間集中できるのならば次は5分、5分間集中できたのならば次は8分というように、少しずつスモールステップで取り組みましょう。

　また、達成感を味わうには、最初や途中を手伝い、「最後の仕上げ」を子どもにやってもらうという方法も考えられます。仕上げ部分を自分ですることで、「できたね!」とほめることができ、子どももほめられたことで次の活動のモチベーションにつながります。

　では、応用行動分析で、気になる行動の事前と事後を分析してみます。その「行動」の前にどのようなことが起きているのかを観察してみましょう。そして、その行動をした後にどのような対応、反応しているのかを振り返ってみます。

　Bくんは長時間同じことができず座っていられないときは、「立ち歩く」という行動が見られます。「立ち歩く」ときを観察してみると、本人にとって苦手な活動、特に製作活動の時間に多いと分かりました。みんなが熱中して活動に取り組んでいる中、棚にあるほかのおもちゃが目に入るとそれを取りに行ったり、保育室の外で音がするとそちらに注意がいってしまい、すぐ保育室から出ていこうとします。

　保育者は立ち歩いたり出ていこうとしたりするのが目に入ると、Bくんに声をかけて近づき、興味がもてるように話しかけたり、できないところを手伝ったりするなどの対応をしており、結果、その行動を強化しているようです。

事前の出来事（きっかけ）	行動	事後の出来事（結果）
ほかのおもちゃが目に入る、活動に興味がもてない	立ち歩く	保育者が声をかける、手伝う（反応がある）

【*STEP* ❹ 「事前の出来事」の調整】

気になる行動を引き起こすきっかけになる「事前の出来事」に注目し、調整します。

「ほかのおもちゃが目に入る」ことへの対応

Bくんは外から入る刺激に弱いので、まずはほかのおもちゃや物が目に入らないよう棚などにカーテンで目隠しをし、今必要な物だけを目の前に出しておきます。いろいろな刺激が視界に入らないようにBくんのいすや机の配置も検討します。製作活動をするときは、プロセスに合わせて使う物を出す順番を練っておくのも有効です。

「活動に興味がもてない」ことへの対応

製作活動が苦手な原因を考えます。

- 不器用さと感覚過敏のため、手にのりがつく製作が好きではない。
- 不注意なので保育者の話を最後まで聞いておらず、何を作っているのか、どのように作るのか、いつまでするのかが、実はよく分かっていない。
- 多動なのでBくんにとっては製作時間が長く、体が動いてしまう。
- やっているうちに違うアイデアややりたいことが思い浮かび、衝動的に別のことをしてしまう。

これらの仮説を踏まえて、「してほしい行動（ターゲット行動）」を引き出すきっかけとなるように「事前の出来事」を調整します。

例えば・・・
●のりや粘土が手に付くのが嫌な場合
　無理強いせず、手に付いたらすぐ拭けるようにおしぼりを用意しておきます。

●保育者の説明が理解できていない場合
　ざわざわしている部屋の中では、保育者のことばを集中して聞き取ることができない場合もあるので、全体での説明に加え、Bくんへの個別

の説明といった配慮も大切になります。

　また、事前に作り方を分かりやすく写真や絵にした下のような工程表を提示して、今していることを確認しながら進めていくと理解しやすいです。ことばの説明に加えて目で見ることで理解が進み、やっている途中で注意がそれても、下のような工程表を見ながら「ここまでできた」と今までしてきたことを思い出し、「次はこれ」と確認しやすくなります。

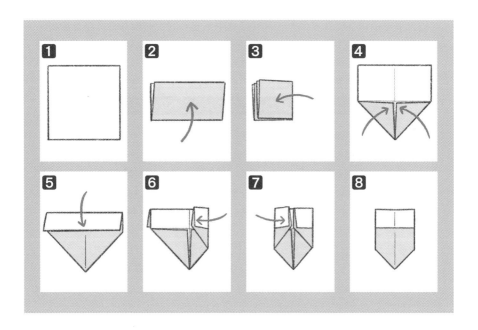

●その他

　活動にBくんの好きなキャラクターを取り入れることも有効です。好きなキャラクターのシールがクレヨンに貼ってあるだけで、モチベーションが続くこともあります。

　また、事前にルールやお約束を明確にしておくことも大切。子どもが覚えて守れるだけのルールに絞り、一度に伝えるのは1つにするなど伝え方も工夫します。

【STEP ❺ 「事後の出来事」の確認】

　次に、気になる行動を強化している「事後の出来事」を考えます。Bくんが立ち歩くと、保育者が「Bくん座ろうね」と声をかけたり、「どこが分からないの?」と手伝ったりします。それが「立ち歩く」という行動を強化しているようです（P.68の図参照）。

「立ち歩く」ことへの対応

「立ち歩く」ことはBくんの特性と捉え、あまり反応しないようにします。

　また、「叱る」や「注意する」ことも避けます。日ごろほめられることの少ない子どもは、「叱られる」「注意される」ことで大人の注目を得ようとすることがあり、それ自体が行動の強化につながって負のスパイラルに陥ってしまうことがあることを理解しておきましょう。

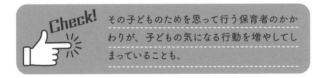

Check! その子どものためを思って行う保育者のかかわりが、子どもの気になる行動を増やしてしまっていることも。

「活動に取り組む」ことを強化する対応

「保育者がねらいにしているのは何か」に立ち返ります。私たちは、座って集中できているときには刺激しないようにと、声をかけずついつい放っておくことがありますが、できているとき、しようとしているときこそ、注目して積極的に認めたり支持したりする声かけをし、活動に集中して取り組んでいることをほめて強化しましょう。

事後の出来事を「プラス」にする対応

　最後まで活動ができたら、大好きなシールを貼る、スタンプを押す、花丸をつけるなどの強化子（きょうかし）※を準備することで、自分の頑張りを視覚的にも実感できます。

※強化子：行動の結果として得られる"うれしいこと"。例えば、ほめられたり、楽しい経験ができたり、ごほうびがもらえたりするなど。

マイナスからプラスへと切り替える対応

　どうしても我慢できずに立ち歩いたり、保育室の外に飛び出していったりしたときには、「〇回したら〇〇しようね」「1周したらお部屋に戻ろうか」などのことばかけをし、子どもが気持ちを切り替えるための時間をつくります。

　別の静かな刺激の少ない部屋でクールダウンするのも有効です。

Check! 「保育のねらい」はどこにあるのかを常に念頭に置き、どんなタイミングで、何を強化するとよいのかを考えてみましょう。

参考・引用文献　井上雅彦監修（2009）『子育てに活かす ABA ハンドブック―― 応用行動分析学の基礎からサポート・ネットワークづくりまで』日本文化科学社

ここまで、応用行動分析でBくんの行動前後へのアプローチ法を考えてきましたが、まとめると以下のような図になります。

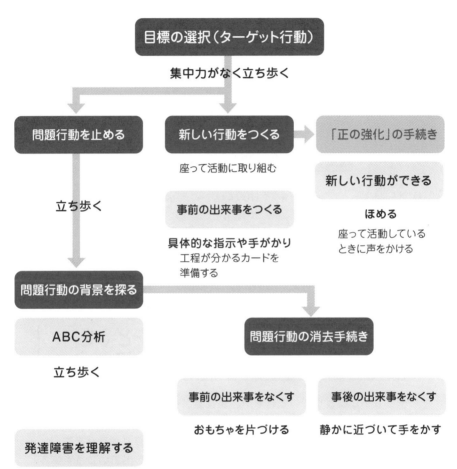

子どもの行動には子どもなりの理由があります。応用行動分析は、その理由に気づくためのフレームでもあります。ただ、フレームにこだわって難しく考えすぎずに、「自分だったら」と想像したり、同じように行動してみることで子どもの気持ちに気づいたり、理解したりすることができます。子どもの行動を変えるために、まず、私たちの行動を変えてみましょう。

1か所にじっとしていない／
目を離すとどこかに行ってしまう

(山中早苗)

歩き回ったり
走り回ったりする

座って
いられない

○○くん！
次は
トランポリンだよー

活動中に
部屋から
出て行く

保育の視点から　チームでその子どもを
見守り、安心を提供する

　子どもがじっとしていられない、保育室から出て行ってしまう背景に
は、思いどおりにならない、興味があるものを見つけたなど、それぞれ
理由があり、保育者は個々に応じてかかわっていく必要があります。

　例えば、思いどおりにならないいらだちから部屋を出ていこうとする
子どもに対しては思いを丁寧に聴く。苦手なことに直面している場合は、
励ましながら活動を一緒に行う。好きなあそびが見つけられずに歩き回
る子どもとは一緒にあそびを探す。それでも出ていこうとする子どもに
はどこへ行くかを尋ねて見守り、一人で行ってはいけない場所を伝える。

　こうした個別の対応は担任一人では難しいため、ほかの保育者と連携
して子どもの動きを見守る必要があります。さらに、<u>その子どもにとっ
て保育室が安心できる居場所になるような取り組み</u>や、スモールステッ
プで集団活動に親しめるような体験も大切です。

保育者のかかわりプラン

〇〇くん、次は
トランポリンだよ

あ、そっか！

今何をする時間
かを絵で見せて
伝える

気持ちを静めら
れる場所を確保
しておく

少人数で活動したり、
活動時間を短くしたりし
て、少しずつ集団で過
ごすことに慣れていける
ようにする

前のお友達が
渡り終えるまで
この赤い丸の中に
いてね

自身の居場所を
目で見て分かる
ようにする

最後、先生が
持てるタンブリンを
元気よくたたいて
鳴らしたらゴール！

活動を楽しみに
できるように、事
前に分かりやす
く説明する

その子どもを個別にサポートできる
保育者が一緒に保育室の外で過ご
す。無理に追いかけないほうが
よい場合は、危険がないように視
界に入る範囲で見守る

保育のPOINT

保育活動時に座っていることが難しい子どもには、それを止めるのではなく、**今から何をするのかを理解して見通しがもてるように事前に活動内容を説明し、そばについて座るなど、子どもが落ち着いて活動に参加できるようなかかわりをもつ**。どこかへ行ってしまう子どもは、保育者や友だちと共に場所や時間を共有して過ごす時間が少しずつ増えてくるよう、**他者と一緒にいる心地よさや安心感が得られる活動や環境を工夫する**。

専門家の視点から 「氷山モデル」の活用

（→「氷山モデル」の詳細は第2章 P32 参照）

（新澤伸子）

　じっとしていられない行動について、「氷山モデル」によるアプローチで検討してみましょう。

「氷山モデル」による問題解決的アプローチ

自閉スペクトラム症（ASD）のあるCくん（4歳6か月）は、活動時や給食・午睡中などにウロウロと歩き回り、保育室から飛び出して行ってしまいます。

・乗り物、虫など興味のあるものには集中し、図鑑を見たり、絵を描いたり、ブロックで乗り物を作ったりできる。
・行事の練習、集団活動には参加せず、保育室から園庭に飛び出すことが多い。そのようなときはクラスの加配の先生が1対1でついている。

【STEP ❶ A. 行動を定義する】

・席を立ってうろうろする。
・保育室から外に飛び出す。

【STEP ❶ B.「その子どもに期待する活動や行動」について記述する】

・着席して給食を食べる。
・集団活動に参加する。

【STEP ❷ データを収集する】

Cくんの様子を観察し、次ページのような行動観察記録表に記述した。

Cくんの行動観察記録

対象児氏名：Cくん　　　　年齢：保育所年中組（4歳6か月）　　　観察者氏名：
行動の定義：席を立ってうろうろする。保育室から外に飛び出す。

日付	6月10日	6月10日	6月10日	6月11日	6月11日
時間	10:00	12:20	13:30	10:30	12:15
場所・活動	保育室 設定保育	保育室 給食	保育室 午睡	保育室 設定保育	保育室 給食
その直前の状況は？	保育者が紙芝居を子どもたちに読んでいる	Cが半分くらい食べたとき	ほとんどの子が眠っていて、Cは布団の上でゴロゴロしている	フルーツバスケットを保育室でしていて10分経ったとき	Cが好きなおかずだけ先に食べてしまい、嫌いなおかずが残っている
対象児は何をしたか？	保育室から飛び出す	席を立ってうろうろする	保育室からパジャマのまま飛び出す	保育室から飛び出す	席を立ってうろうろする
周囲の人の対応は？	加配の保育者が園庭に追いかけていく	加配の保育者がCへ席に座るように伝えて、隣に座って食べるようにする	クラス担任が園庭に追いかけていき午睡をするようにCに話をする	加配の保育者が追いかけていく	クラス担任が席に座るよう伝える
その結果どうなったか？	加配の保育者が見守っている中、園庭のブランコに乗ってあそぶ	保育者に食べるのを手伝ってもらう	しばらくパジャマのまま園庭を走り回っているが、最終的に園長がCを職員室に連れて行き、ブロックやミニカーであそんだり、職員室をうろうろして午睡の終わる時間まで過ごす	加配の保育者が追いかけてくると、すべり台の上に逃げて、園庭で追いかけっこになる	園庭に飛び出してジャングルジムの上に逃げる

【STEP ❸ 仮説を立てる】

　行動観察から得られたデータをもとに、ASDの視点から考えて、どのような特性や学習スタイルがその行動に関係しているのかの仮説を立てます。

行動観察から推察されるCくんの学習スタイル

●潜在的学習の問題

　活動において、今、何をやる時間なのかが分からない。自分にどういう行動が期待されているのかが分からない。

●注意

　興味のある物（園庭の遊具）が見えると、それに強く引きつけられる。興味のない物（絵本や紙芝居のストーリー展開）に注意を持続することが困難。

●実行機能・時間の理解、プランニング

　その活動がいつ終わるのかが分からない。待っている間に何をしたらよいのかが分からない。

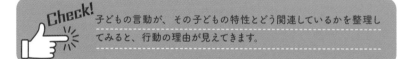

Check! 子どもの言動が、その子どもの特性とどう関連しているかを整理してみると、行動の理由が見えてきます。

Cくんのその他の情報

●コミュニケーション

・1対1でその場での指示は理解できることが多い。

・初めての場面では、ことばでの説明の理解は難しい。

・興味のあることは一方的によくしゃべる。

・具体的な物の要求や拒否はことばでも伝えられるが、質問したり答えたり、会話のやりとりは難しい。

●社会性

・同年齢児のあそびの中には入らず、他児の近くにはいても、一人で自分の好きなあそびをしている。

●実行機能
・一連の活動の流れを見通すことが難しい。
・着替えなども一つひとつ声かけをすることが必要。
・好きな活動を終えることが難しい。

●注意
・注意の持続が短く、周囲の刺激に気が散りやすい。
・一方で、興味のあるものから注意をシフトすることが難しい。

●強み
・絵、写真、ひらがななどの視覚情報の読み取りが得意（ブロックの完成図を見て複雑な乗り物などを作る）。
・興味関心のあるものは集中時間が長い。

（例）

観察された行動	期待されている行動
・給食時に席を立ってウロウロする ・保育室から外に飛び出す	・着席して給食を食べ、食べ終わったら片づけや歯みがきをする ・生活発表会の練習に参加する

観察された行動について 自閉スペクトラム症の観点から仮説	期待されている行動をとるための 視覚的支援・指導方略とスキル
・暗黙的学習：その場で期待されている行動を自然には学ばない	・期待されている行動を具体的、視覚的に伝える
・コミュニケーション：ことばの指示の理解が困難	・ことばの理解を助けるためにイラストや写真などの視覚的な指示を与える
・実行機能：活動の流れや終わりの理解が困難	・「何を、どれくらい」「どんな順でするか」「終わったら、次は何か」を視覚的に示す
・注意：興味のないことに注意を向け続けることが難しい	・本人の興味関心を活動に取り入れる
・社会的認知：クラスや役割などの意味や周囲からの期待を理解することが難しい	・社会性の発達レベルに見合ったグループ活動への参加のしかた（部分参加）を検討

Fundamentals of Structured TEACCHing 2021 配布資料より

【STEP ❹ かかわりを計画し、実行する】

A. 意味のある構造をつくり出す・修正する

●環境の整理

不必要な刺激を減らし、それぞれの場所や場面で何をすればよい
かを「見て」分かりやすくする。

室内遊具の棚にカバーをする

室内の活動の際、園
庭の遊具が見える窓の
カーテンを閉める

絵本や紙芝居の読み
聞かせをする場所の背
景の掲示物をなくす

自分の立つ場所
を明示する

例えば

●スケジュール

活動の見通しがもてるように、予定を視覚的に示す。

朝の会、園庭・保育室での自由あそび、集団活動、
給食、午睡などの1日の流れを、写真やイラストな
どCくんに分かる視覚的な方法で提示する

朝のしたくが
終わったから
このカードは箱に
入れて、次は…

あさのかい

おへやあそび

本人の注意の持続
時間に合わせて活動
を組み立てる

集団活動の後は、
Cくんが興味のあ
る活動を組み入
れる

例えば

●ワークシステム

　何をどれくらい、どんな順番で、いつ終わるのか、
終わったら次は何があるのかを見て分かるように示す。

終わった後に
何をするのか
視覚的に示す

終わりを
明確にする

朝の会の一連の活
動の流れを、順番
に具体物や写真、
イラストなどで示す

生活発表会の練習の
流れをイラストで示す

●視覚的な指示

　どのようにするのか視覚的に示す。

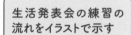
歯みがきの手順を
イラストで示す

例えば

- あそびのレパートリーが少ない場合、例えば興味のあるキャラクターのパズルや、絵本や紙芝居の好きなページを集めた特製絵本を見るなど、室内でのあそびを楽しむスキルを育てていく。
- 睡眠障害があり、明るい場所や刺激の多い場所で午睡するのが難しいため、ほかの子どもたちが寝入ってから、部屋の隅に設置したリラックスコーナーで保育者と一緒に過ごす練習をする。短時間から始め、徐々に30分程度静かに過ごせるようにする。

【STEP ❺ その行動が起きた場合の計画を立てる】

A. そのときにどのように行動を扱うか

●絵本・紙芝居の読み聞かせ

Cくん専用の特製絵本を渡し、紙芝居が終わるまでは着席するように教える。座ることができたら好きな園庭の遊具であそぶなど、お楽しみの時間を設ける。

●給食

立ち歩くことで保育者の注目を引いて、かまってもらうことによって、立ち歩く行動が強化されていたので（→応用行動分析P.26参照）、給食の最初の場面で保育者が横につき、一人で食べていることをほめる。強い偏食があるので、嫌いな食品はごく少量に。立ち歩いたときは、座って食べているほかの子どもたちをほめることで、注目できるようにする。

B. 再評価する

1か月後に再びCくんの行動観察記録をとって再評価したところ、次のようなことが分かりました。

●絵本の読み聞かせ場面では・・・・・・

Cくん用の特製絵本を見て過ごしたり、その場に座っていられるようになったりして、絵本の内容も記憶できるようになった。ほかの子どもたちと同じ絵本や紙芝居を最後まで見ることもできるようになってきた。

●給食時は・・・・・・

立ち歩きは1週間で1回のみ。保育者が座っているほかの子どもをほめることで、自分から着席できるようになった。また、自分の食事が終わるまでは、園庭に勝手に出ていくことはなくなった。

●集団あそびの場面では・・・・・・

単純なルールのゲームで、自分の順番まで待てるようになった。ゲームを繰り返す場合は、あらかじめ何回するかを視覚的に明示しておくと、終わりまで参加できることも増えたが、少しルールが複雑になると理解できないため、園庭に飛び出すこともある。

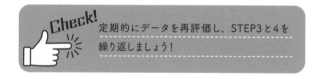

Check! 定期的にデータを再評価し、STEP3と4を繰り返しましょう!

氷山モデルによる問題解決的アプローチについて、Cくんの事例で解説してきました。水面上から（外から）見える行動は同じでも、背景の要因は子どもによって、また同じ子どもでもそのときの状況によって、さまざまです。

また、長年かかって形成された行動は、すぐには改善できない場合もあります。しかし、表面化しているいわゆる"困った行動"に対して、周囲の人がそれぞれ異なった対応をすると、子どもを混乱させてしまい、問題行動がこじれてしまうことになります。

そうならないためにも、保育者と家庭とで問題の行動と期待する行動とを共有し、客観的なデータ収集に基づいて行動分析を行い、水面下にある特性のことや「なぜ、その行動が起きているのか」という仮説を立てて、チームでアプローチすることがとても重要です。

衝動的な行動が多い

（山中早苗）

飛び出したり
奇声を
上げたりする

物を
投げる

周りの子どもや物に対して危険な行動をする

その行動に至った「思い」に注目する

　衝動的な行動は、「攻撃的」「落ち着きがない」などといったほかの領域も含めて、保育者が対応に追われている課題の1つです。特に、衝動的行為はその子ども自身や周りの子どもたちに危険が及ぶ場合もあり、制止や注意を受ける回数が多くなりがちです。そしてそのたびに、衝動性を高めてしまい、繰り返し行われたり、行為自体が激しくなったりといった悪循環を起こすこともあります。例えば、泣きやまない子どもに「もう泣くのはやめなさい」と言うと、かえって泣き声が大きくなるという経験がある人は多いのではないでしょうか。

　保育者は、その行動自体を非難したり追及したりするよりも、衝動的な行動に至ったその子どもの思いを丁寧に聴き取り、気持ちが落ち着くように対応していくことが大切です。

保育者のかかわりプラン

危険な行動が起こらないよう、個別に見守ることのできる保育者がついてサポートする

どこが安全でどこが危険な場所かを分かりやすく説明する

投げる・飛び出すといった行動について、あそびの中に類似した動きを取り入れて安全に発散できるようにする

これ使いたいの？
どうぞ

異年齢児とのかかわりを設け、思いやりの気持ちを育む機会を取り入れる

投げると危ないよ

〇〇ちゃん
怖がっているよ

相手が困っていることに気づけるように働きかける

保育のPOINT

衝動的な行動の対応策は衝動性の原因追究よりも、衝動的行動以外の肯定的な行動、その子どもの「得意なこと」や「よいところ」を見つけて、それを認め、子ども自身が自己肯定感をもてるようなかかわりを模索することも大切。

保育者やクラスの子どもたちと一緒に体を使ってあそぶなど、触れ合う時間を積み重ね、友だちや保育者がそばにいる喜びを感じられるように配慮する

専門家の視点から 行動の裏にある「目的」を知る

（→「応用行動分析」の詳細は第2章 P.26 参照）

（松尾寛子）

　園で気になる「衝動的な行動」にはさまざまな姿があります。重大事故につながるような行動はすぐに制止する必要がありますが、その衝動的な行動の裏にどのような「目的」があるのかを知ると、子どもに対することばかけも変わってくるはずです。

　ここでは、場面別に行動の裏にあるその子どもなりの「理由」を探り、それを踏まえた「かかわり」を検討していきます。一見、問題に見える行為に込められたその子どもの思いに近づいてみましょう。

場面別に考える子どもの「行動理由」と保育者の「かかわり」

【友だちを突き飛ばす】

その子どもなりの理由は？

　一緒にあそびたい子どもに対するアプローチの仕方が分からずに、友だちを突き飛ばしてしまっている？

"理由"を踏まえたかかわり案

- "子どものアプローチの方法が間違えているだけ"ということに気づく。そして「友だちとあそびたい」という気持ちをくみ取り、一緒にあそぶときの誘い方や具体的なかかわり方を知らせていく。
- 他児とのかかわりは大切にしてあげたいと多くの保育者は思うが、"突き飛ばす"という行為に目を向けると、子どもの行為を止めなければならない。それは、注意された子どもからすると「あそびたい気持ちがあって相手にアプローチしているのに、先生に注意された」という思いにつながってしまうことも。保育者は常に子どもの目線で想像し、仮説を立てることを心に留めておく。
- 突き飛ばされてしまった子どもに対してもフォローを。不安な気持ちや嫌な気持ちに共感しながらも「〇〇ちゃんは一緒にあそびたかったみたい」と代弁し、双方の思いをつなぐのも保育者の重要な役割。

【攻撃的なことばを使う】

その子どもなりの理由は？

- 保護者の口まねをして他児に攻撃的なことばを使っている？
- 家庭で放置されることが多く、なかなかかまってもらえずに大きな声を出したり攻撃的なことばを発したり、わざと危険なことをしたりすることによって保護者がかかわってくれる、ということを学習してしまっている？

- ことばづかいが気になる場合は、子ども自身がそのようなことばの環境の中で育っていたり、保護者自身も生活にストレスを抱えていたりする場合もある。また、保護者自身もそのようなことばの環境で幼少期を過ごしたということも考えられる。まずこういった家庭環境や背景を把握しておく必要がある。
- 大人にかかわってもらうために、そのようなことばを発することが必要だと思い込んでいる場合は、保護者が子どもに望ましいことばがかけられるように、その子どものよい面を伝え、子どもを家庭でもほめたくなるような伝え方をしていく。
- 子どもに対しては、できたことや頑張ったところをほめたり認めたりしながら、自尊感情を高めるようにかかわっていく。子どもがよいかかわりをしたときにもほめていくことで、徐々に人とのかかわりに変化が見られるようになっていく（→P.26「応用行動分析」も参照）。

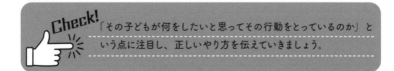

Check! 「その子どもが何をしたいと思ってその行動をとっているのか」という点に注目し、正しいやり方を伝えていきましょう。

【友だちを突き飛ばしたり、行動を制止するとパニックになったりする】

その子どもなりの理由は？

「嫌だ」という気持ちを伝える適切なことばを、まだ獲得できていない？

"理由"を踏まえたかかわり案

- 子どもの気持ちに共感し、その気持ちを表すことばを教えていくことで、衝動的な態度ではなく「ことばで伝えること」を学習していけるようにする（→P.35「ソーシャルスキルトレーニング」も参照）。
- 必要であれば、心を落ち着かせるスペースでクール（カーム）ダウンする。

【水たまりに靴を投げ入れる】

その子どもなりの理由は？

・「水が跳ね返ってくるのが楽しい、でもそれは前に叱られたことがあるから、先生に止められる前にやってしまおう」と思っている？
・楽しいあそびが見つからず、たまたました行動がおもしろかった？

"理由" を踏まえたかかわり案

「子どもがどのような状況を楽しいと思っているのか」を考え、代替えのあそびを保育者が提示したり、別のあそびに誘ったりしてみる。

【棚の上に登る】

その子どもなりの理由は？

・棚の上に登って「全員を見渡せる位置がよい」と思っている？
・みんなと一緒にあそぶより、みんながあそんでいる様子を見ることのほうが楽しいと思っている？

"理由" を踏まえたかかわり案

・その子どもが、「人をどのような位置で見ることを心地よいと思っているのか」に注目してみる。
・棚の上に登ると危険が伴うため制止したい行動ではあるが、「棚の上

に登ると何がどのように見えるのか」ということを理解して、その子どもが入りたそうにしているあそびを見つけて誘ってみる。

【散歩中や保育中に飛び出す】

その子どもなりの理由は？

・その場所に行けば落ち着く何かがある？
・保育室を飛び出すと保育者が追いかけてきてくれるから、その子にとっては「追いかけっこ」になってしまっている？

"理由"を踏まえたかかわり案

・「その子がどこに行きたがっているのか」を把握する。
・「望ましい行動には反応する」「望ましくない行動には反応しない」という対応を意識し、これを繰り返すことで望ましくない行動は減っていく。一時的に行動がエスカレートすることもあるが、そこで反応してしまうと「そのぐらいしないと先生は動いてくれない」と学習してしまうため、対応を一貫させることが大切。

その子どもなりの理由は？

・この行為自体にメリットを感じている？

"理由"を踏まえたかかわり案

・奇声をあげなくてもことばで伝えることによって「相手が理解してくれた」、という経験を積み重ねていく。ことばの獲得がまだであれば、相手にサインで伝えると分かってもらえたという経験を積み重ねていく。

【食事中に食器を投げる】

その子どもなりの理由は？

・「食べたくない」という意思表示？
・食器を投げることによって食べ物が舞うことをおもしろがっている？

"理由"を踏まえたかかわり案

・好き嫌いを把握しておき、子どもの食べたくない気持ちを代弁しながら目の前で減らしたり、小さく刻んだりして、負担を減らす。また、通常は食べ物が舞うことはおもしろい状況とは捉えないが、"前と後

で状況が変化する"ということはおもしろいことの１つなので、"皿の中の物が宙に舞い床に散らばる"といった"前後での状況の変化"がおもしろいと捉えられているかもしれない、ということを理解する。

・そのうえで、「食べ物ではあそばない」ことは伝えながらも、例えば、新聞紙を丸めて作ったボールなど、投げてもよいおもちゃを準備したりすることで、「投げてもよいもの・ダメなもの」を理解できるように働きかけるのも１つの方法。

Check! 気持ちの変化が現れる状況や衝動的な行動が現れるきっかけに注目し、「どのようなポイントでそうなるのか」「何が引き金になっているか」を把握しましょう。そのために、P.60のような行動観察記録をつけてみるのも有効です。

ほかの子どもにあまり関心を示さない

（山中早苗）

一人でいるのが好き

集団でのあそびに興味を示さない

友だちの輪の中に入ろうとしない

保育の視点から その子どもの姿を ゆったりと受け止めて

　まずは、その子どもがほかの子どもに関心を示さない理由を考察することが大切です。興味の対象が「物」なのか「人」なのか、それとも、人への関心はあるけれど、友だちとのかかわり方が分からないのか……。このような判断は保育者一人ではなかなか難しいので、複数の保育者で見守りながら意見を交わしたり、家庭での様子を保護者に聞いたりして情報を集める必要があります。

　友だちとかかわろうとしない姿が気にかかる保育者も多いと思いますが、ほかの子どもとかかわりをもてるようにすることを急がず、まずは一人であそぶ姿をゆったりと受け止めることが大切です。そのうえで、様子を見ながら徐々に周りの子どもたちとのかかわりが生まれるように支援していくとよいでしょう。

　また、友だちとかかわるうえで不安を感じているようであれば、その不安を和らげるようなかかわりも検討します。

保育者のかかわりプラン

おふねは
ぎっちらこ〜♬

1対1で過ごす時間の中で心地よいふれあいの時間を設け、信頼関係を築いていく

ブッブー　あ！トンネル！

その子どもが好きなおもちゃであそんでいるところにそっと近づいて同じあそびを行い、そのおもちゃのあそびと同じ要素をもった違うあそびに誘ってみる

ぼくは
トラック！
ブーン!!

その子どもの好きなあそびや簡単なルールのあるあそびを媒介にして、少しずつ周りの子どもたちとのかかわりが生まれるようにしていく

ぼくも一緒に
車やりたーい

今、○○くんは
一人でゆっくり
あそびたい
みたい

ブッブー

その子どもの気持ちを周りの子どもたちに代弁して伝える

友だちとのかかわりの中で「怖い」「嫌い」と思わせてしまい、一人になりがちな場合も。自分の行動が相手にそういった負の感情を生じさせることに気づかない子どももいるので、保育者が声をかけ、その行動について振り返る時間をもつ

保育のPOINT

まずは、子どもが安心して過ごせることが第一。保育者が子どもとの信頼関係を築き、それを基盤として周りの子どもへの関心や親しみが芽生えるように、時間をかけて子ども同士のかかわりを支えていく。

感覚統合アプローチから

（→「感覚統合アプローチ」の詳細は第 2 章 P.36 参照）

（辻 薫）

「ほかの子どもに関心を示さない」理由はどこにあるのでしょうか？
感覚統合アプローチの基盤である「感覚統合理論」から、そのような子
どもの感覚情報処理能力と脳の知覚体験（詳細は P.36 参照）について
考えてみましょう。

行動に必要な感覚情報処理

「ほかの子どもに関心を示す」ためにはどのような感覚情報処理が必要
になるのか、その過程をひも解いてみましょう。

ほかの子どもに
注意を向ける

環境にある雑多な感覚情報
の中から、ある特定の子ど
もに注意の焦点を合わせる

ほかの子どもが
している動作全体
に興味をもつ

中心視と周辺視の統合処理

ほかの子どもの表情
の変化に注目する

子どもの体全体から顔の部
分の動きの変化に注目

発する声やことばに
耳を傾ける

特定の子どもの声を識別し
環境音と区別する統合処理

　このように分解してみると、1つのアクションに対して、複数の情報処理が同時に行われていることが分かります。ほかの子どもに関心を示さない理由の1つに、このようなプロセスのどこかがほかの子どもたちとは違うことが考えられます。

　また、一緒にあそんでいるときに体がぶつかったり、相手から手で触られたりすると、前庭覚や触覚の突発的で予測できない変化が起こります。裏を返せば、感覚情報の変化を好まない、あるいは過敏といった調整能力に弱さのある子ども（詳細はP.38参照）は、集団に入らず、ほかの子どもに関心を示さないような行動をとることで、苦手な場面を自ら回避しているとも解釈できます。

　大人はこういった、脳内での感覚情報処理の違いやその背景をよく理解して対応を考えていくことが重要です。感覚情報処理能力には個人差が大きく影響するため、異なる解釈があっても、子どもの困難に寄り添える方法があってそれを試して成功すれば、その解釈は妥当であったと考えればよいでしょう。

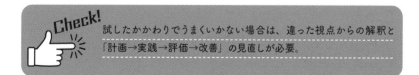

Check! 試したかかわりでうまくいかない場合は、違った視点からの解釈と「計画→実践→評価→改善」の見直しが必要。

子どもへのかかわりの基本

　ほかの子どもに関心を示さない理由は、前述したとおり、ほかの子どもやあそんでいる環境から受け取る感覚情報が、<u>本人にとって負の感情</u>につながるからです。そのため、その子どもがプラスの感情をもてるようにかかわっていくことが基本方針になります。

　また、一般的に理解されている子ども同士の楽しいあそびへの参加、子どもたちとのやりとりをとおして学習することばやコミュニケーションの発達、他者とのかかわり方についての学びは、ASDのある子どもにとっては参加が困難であり、乳児期から学び方が異なっていることを前提に、育ちを支えていく必要があります。

感覚の捉え方の違いに応じた手立て

【❶ 感覚の捉え方の違いを理解するアセスメント】

　保育者が子どもの感覚の捉え方が異なることを理解して、その子の個性を把握することから始めます。そのためのアセスメントにJSI-R（日本感覚インベントリー改訂版）※があります。これは、保護者や保育者が質問紙に回答することで点数化され、その子どもの感覚の受け取り方がどのような行動特徴と結びついているか、どの感覚に過敏傾向や逆に感覚の分かりにくさ、こだわり傾向などがあるかを知ることができます。

　子どもの感覚情報処理の個別性を把握すれば、それに応じた手立てを考えていくことができます。

※JSI-R：発達障害のある子どもを対象とした感覚統合の行動チェック表。誰でもダウンロードして使える

【❷ 感覚統合（感覚情報処理）の発達を促すかかわり方のコツ】

子どもが興味・関心のあるあそびに寄り添い、他者と同じ場面であそぶ経験をする（子どもと保育者1対1）。

まずはその子どもが好きな（得意な）あそびの場面で、要求や手助けを必要とするタイミングでおもちゃを渡したり手伝ったりする。その際に子どもの視野内に保育者の手と顔が入るようにし、顔を見て、目が合ってから手伝う。

他者への気づきや働きかけを引き出していく中で、手伝ってくれる、助けてくれる心地よい存在として人を受け入れ、またかかわろうとする行動を強化。その際、簡単なサインやことばを提示してから要求に応じることで、他者へのかかわり方の基本的行動を学習できるチャンスをつくる。

あそびの、回数や時間を決めて最初に伝え、「おしまい」カードやタイマーなどで終わりの時間を知らせるなど、好きなあそびを終了する練習を行っておくと、集団場面でパニックにならずにすむ。

Check! 他者と同じ場面であそぶことに慣れてきたら、様子を見ながら周りの子も一人、二人と誘い、保育者が仲介しながら小集団を体験できるようにします。

段階的に集団活動に親しんでいく
（子どもと保育者と少数の子どもたち）

友だちの顔を覚えられるように、クラスの子どもたちの写真を撮って平面（2次元）の視覚情報に置き換え、じっくり、ゆっくり見て名前と顔を覚えられるようにする。何度も巻き戻して見ることができる動画でもよい。

Check! ASDの視覚シミュレーション体験ができる装置が開発され、空間にある光の強さ（天気状況）や環境音、物体の動きなどの感覚情報の変化が複合的に影響して、景色が真っ白や真っ黒になる、またはちらちら色が変化して見えることが分かってきました。例えば、身近にいる友だちであっても、動きが速く、見える角度もすぐに変わるため、顔をなかなか覚えることができないことも。また、視覚過敏のある子どもにとっては、薄暗い照明や室内のほうが物や人の顔を観察し、区別しやすい環境となります。

ほかの子どもに関心を寄せて一緒にあそぶことができるようになるために、事前にあそび方の理解を促す。刺激の少ない静かな空間でひととおりの手順やあそび方などを見せ、見通しがもてるように支援する。

その子どもにとって、周りの子どもの動きや声の影響が少ない場所を検討する。

静的でその子どもが得意なあそびの場面から、二〜三人の子どもとのやりとりを練習し、うまくできたらほめて達成感を得られるようにする。
保育者のことばかけはできるだけシンプルに分かりやすく。

上手にかかわってくれている周りの子どもたちのこともほめて、楽しい場になるように配慮する。

Check! 保育集団の環境は、周りの子どもたちの動きを見ながら、発することばを聞き取り、同じタイミングでやりとりするという「同時処理能力」が求められます。このような複雑な環境は、発達障害のある子どもにとっては理解しにくい世界と映っていることを想像してかかわりましょう。

CASE 6

ことばが出ない（出にくい）

（山中早苗）

会話が苦手

どうして
ほしいの
かな？

ことばで
伝えられない

文脈を作る
ことが難しい

気持ちや
考えを伝える
ことができない

あぁー！　あうー！

保育の視点から ことば以外で
気持ちを読み取る

　「ことばが出ない」という課題は、3・4・5歳の各年齢において一定の割合で挙がってきます。

　ことばが出ない子どもへのかかわりは、「その子どもとどのようにしてコミュニケーションを図ればよいのか」を考えるところからスタートします。また、ことば以外の方法で、その子どもの気持ちや言いたいことなどをどのようにして探っていくのかもポイントになります。

　さらに、子ども同士の中に入って、その子どもの伝えたいことを読み取り、周りの子どもたちに伝えるといった「子ども同士の関係づくり」の橋渡しをすることも、保育者の重要な役割といえるでしょう。

保育者のかかわりプラン

ことばが全く
出ていない子どもには・・・・・・

動物やくだものが載っている絵本を読む、簡単なことばを繰り返し教えるなど、子どものことばを育てる配慮を

ことばが続かず止まってしまう、
会話が続かない子どもには・・・・・・

場所を変えて話をゆっくり聞いたり、子どもの表情から判断したりするなど、子どもが話そうとする意欲を大切にするかかわりを

気持ちや考えをうまくことばで
伝えられない子どもには・・・・・・

保育者がことばにして伝える、答えやすいように質問をする、絵カードを使うなど、ことばを引き出すための工夫を

子どもに話す際は、ことばと一緒
に視覚的なツールも用いる。

ことばだけでなく、絵カードやジェスチャー、スマートフォンやパソコンなどを使用して視覚的に伝えていくことも有効な対応

保育のPOINT

保育をとおして、人同士のかかわり合いの中でことばや感情を育てることができる。保育者が「ありがとう」と話しかけると、子どもは「ありがとう」の意味が分からなくても、自然と笑顔が出る。ことばを話さない子どもに対しても積極的に話しかけながら、「あそび」をとおして「楽しい」「うれしい」といった感情を育てていくことが保育者の役割。

「インリアルアプローチ」を活用して

（→「インリアルアプローチ」の詳細は第 2 章 P.40 参照）

（安井千恵）

　会話が続かない子どもへのかかわりでは、①言語発達段階、②知的発達の水準、③障害特性などを考慮し、それぞれに応じる必要があります。ここでは、同じままごとの場面でも、そこで保育者が念頭に置く目標や実際のことばかけが違ってくることを、二人の事例をとおして見ていきましょう。

「インリアルアプローチ」を用いた事例から

【事例 1 ことばが増えにくい】

Dちゃんはダウン症がある4歳の女の子。対人関係は良好で、ままごとあそびで使用する道具は理解していますが、ことばの表出が少なく、オノマトペ（擬音語・擬態語）や「まてえ（待って）」「いいよ」などの少ない単語とジェスチャーで伝えていました。ノンバーバルコミュニケーション（ことば以外でのコミュニケーション）の使用が上手で、保育者を見ながら指さして「んんん（Dちゃんの名前）と、えんえ（先生）とあえあえ（混ぜ混ぜ）あう（する）」と、自分の言いたいことを伝えていました。

んんんと、えんえと
あえあえ　あう

おなべを
混ぜるのね!

　保育者はＤちゃんへのかかわりを検討するうえで、「ことばで伝えられるようにする」「ことばが使えるチャンスを待つ」という目標を立てました。ポイントは、"分かる・言える"ことばを増やすこと。

Ｄちゃんを知る

ことばの表出に関連するダウン症の特性を押さえる。
・ワーキングメモリの弱さ
・知的な弱さ
・音韻の分かりにくさ
・口腔機能の動きの弱さ
・発音の問題

かかわりのポイント

●子どもの知っていることば（既知語）を集める
　すでに知っていることばのほうが模倣しやすく、覚えやすい。
●単語で言えることば、単語になりそうなことばを知っておく
　2語文につながりやすい。
●高頻度語を選び、ことばを想起しやすくする
　リンゴやミカンなど、高頻度で使用する単語が覚えやすい（ビワやキウイなどの季節の食べ物は低頻度）。

大人のことばかけ

- 子どもの表出は単語レベルなので、ことばかけは単語、2語文程度に。
- ことばかけのスピードはゆっくりで、音と音のつなぎ（渡り音）を長めに取り、子どもが模倣しやすくする。
- 言語心理学的技法（詳細はP.44参照）を使用する。

表1　言語心理学的技法を使ったDちゃんとのやりとり

Dちゃん	保育者	言語心理学的技法
❶ なべを見せる	→ 「あっ　なべだね」と なべを指さす	パラレルトーク
❷ 「べ」（なべ）と言う	→ 「うん。なべ　だね」	リフレクティング
❸ スプーンを取り出し 「ウプン」と言って混ぜる	→ 「スプーン」とゆっくり 言って待つ	リフレクティング 待つ
❹ 「プーン」と自分で言って 保育者を指さし、混ぜる ジェスチャーをする	「Dちゃん と 先生 まぜまぜ」 → と保育者もなべを混ぜるジェスチャーをする	パラレルトーク
❶ リンゴを食べる	→ 「Dちゃん　リンゴ　パクっ」	パラレルトーク
❷ 「ンゴ　しぃ（おいしい）」	→ 「リンゴ　おいしい」	リフレクティング
❸ 保育者を見る	⋯> 「先生も　リンゴ　パクっ おいしい」	セルフトーク

※インリアルでは、トランスクリプトというやりとりを時間軸に沿って逐次書き起こします。今回の表1の矢印は、やりとりの流れのみを表したものです。参考までに、コミュニケーションの関係を表す矢印の引き方にはさまざまあります。例えば、子どもの意図的な行動やことばかけをかかわり手が受け止めて返した場合は、実線の矢印（→）、子どもに意図的な行動やことばが含まれておらず、かかわり手が反応を返したときには、破線矢印（⋯>）を引きます。かかわり手の反応に子どもが応じたやりとりが続いている場合、斜めに矢印を引きます。

　行動や気持ちを言語化する「パラレルトーク」を中心に、発音が不明瞭なときは正しい発音で優しく言い直す（リフレクティング）ことで、Dちゃんが模倣をしやすくなります。また言えそうなことばは、少し待つことで子どもが自発的に表出できます。表出が少ないと大人はつい長い文でことばかけをしたり、「○○と言って」と要求したりしますが、それは逆効果です。ことばの理解や表出が難しい子どもにとってことばの獲得は困難ですが、あそびの中で言えることばが増えると、日常生活場面でも言えるようになり、ことばのやりとりが増えていきます。

【事例2　想像性（イメージ）が弱い】

Eくんは、ASDがある4歳の男の子。文で話し、ままごとあそびで使用する道具も理解していましたが、ままごと（ごっこ）にはなりにくく、あそびに納得できません。納得できないことをことばで伝えにくいため、おもちゃを投げたり、その場からいなくなったりして、友だちとあそべません。

バナナはいどぅ…ぞ…

これバナナじゃないもん

バナナのつもりの 積み木

　保育者はEくんへのかかわりを検討するうえで、「ことばで伝えられるようにする」「表情や動作からEくんの気持ちを読み取り、代弁する」という目標を立てました。ポイントは、“場面や気持ちを整理した”ことばかけをすること。

Eくんを知る

ことばの表出に関連するASDの特性を押さえる。
・社会性の獲得やコミュニケーション能力の弱さ
・想像性の弱さ
・ごっこあそびが苦手
・やりとりの方向性が分かりにくい

- 主語をつけ、誰が何をしているか状況を整理しながらことばをかける。
- Eくんが答えられる質問をする。
- 言語心理学的技法や質問、提案などを組み合わせる。

表2　言語心理学的技法を使ったEくんとのやりとり

Eくん	保育者	言語心理学的技法
❶「カレー」となべをコロンにかける	→「Eくんがカレー作るんだね」	エキスパンション
❷「カチっと火をつけます」と保育者のおもちゃも見る	自分のおもちゃで「先生も火をつけて」とスイッチをまわす身ぶりをする	セルフトーク動作のモデル
❸ なべを見ている	→「Eくん何カレーですか?」	開放質問
❹ 答えずなべを見ている	→「野菜カレー? ビーフカレー?」	限定質問
❺「ビーフカレー」	なべを指さし「お肉入っているからビーフカレーだね」	エキスパンション
❻ くだものを見ている	→「先生、デザートはバナナを食べよ」と長方形の積み木を出す	提案
❼「カクカクしているのはバナナではありません」と嫌がる	「長いからバナナのつもりだよ」身ぶりをしながら伝え「カクカクしているのは嫌だったんだね」と言う	提案パラレルトーク
❽ イチゴを取ろうとする（届かない）	→「イチゴ取って」	モデリング
❾「イチゴ取って」	→「Eくんイチゴ取ってって言えたね」	承認

> **Check!** パラレルトークで子どもの気持ちや行動を代弁したつもりが、「質問」になってしまうことがあります。例えば、ケーキを食べている子どもに対してパラレルトークとして「おいしい!」と伝えるつもりが、「おいしい?」と語尾のイントネーションを上げると質問になってしまうことも。子どもの気持ちを確認するかのように言ってしまうと、結果的に子どもの立場に立てず、援助につながらないので注意が必要です。

このようにEくんは、ことばの理解はできていますが、オープンに質問をされると答えにくいことや、見立てができず事実ではないことで嫌な気持ちになり、その気持ちを伝えられず違うあそびをしようとすることなどが、あそびの続かない原因になっていることが分かります。言語心理学的技法に加え、適度に質問や提案などを用いてやりとりをすることで、Eくんがどこでコミュニケーションにつまずいているのかを理解するきっかけになります。

コミュニケーションの楽しさを共有して

今回挙げた2例から、同じ4歳児でもかかわり方が違うことが分かりました。子ども一人ひとりに応じたかかわりを大切にしていきましょう。

また、インリアルでは、ことばがまだ出ていない子どもへのアプローチも行います。前言語期からコミュニケーションは行われているので、ぜひ0歳児クラスの子どもたちともコミュニケーションを楽しんでください。

繰り返しになりますが、支援のポイントは、子どもの行動や気持ちをくみ取ることから始まります。大切なのは、子どもの視線をしっかり見ること。視線が伴っているかどうかを確認することで、他者に伝達をしているかどうかが分かることや、言語獲得がなされるうえでも大人と子どもが同じものを見ている（共同注視）ことが必要です。保育者は、子どもの視線を意識的に観察しておきましょう。

インリアルのよさは、子どもが人とのかかわりから人への信頼に気づき、コミュニケーションの楽しさや便利さを学べることです。言語コミュニケーションを学ぶ土台（場面）が豊富な乳幼児期に、その楽しさをたくさん分かち合いましょう。

CASE 7

理解できる単語が少ない

（山中早苗）

ことばによる説明が理解しづらい

話を集中して聞くことができない

今日はプールだから水着に着替えよう

やったー！

バッグ

呼びかけに反応しない

会話でのやりとりが難しい

保育の視点から やりとりの中で理解力を探る

　園では、クラス全体に向けて保育者が話をすることがあります。ことばの理解に難しさがある子どもは、こうした場面でほかの子どもたちと同じ行動がとれません。

　私たちの生活の中で、ことばは「理解」と「表現」が一致して使われています。例えば、「いすに座って」という呼びかけに対して、子どもが「いす」と「座る」ということばの意味を理解できていれば、その呼びかけに自然に対応できます。このような呼びかけに対応できない子どもの原因はなんでしょうか。ほかのことに関心があって聞いていないのか、聞こえているのに反応しないのかといった評価と、話した内容が理解できないなどことばそのものの理解力の評価、2つの評価をもとに、子どもとのやりとりの中でことばの理解力を探っていきます。

保育者のかかわりプラン

呼びかけに
反応しない子どもには…

手をたたいて音を出す、名前を呼びながらハイタッチをするなど、音や動きで子どもの注意を引きつける工夫をする

話を聞くことが
難しい子どもには…

ほかの子どもの動きを見せ、今は座って話を聞く時間であることに気づけるよう働きかけたり、そばで一緒に座って具体的に示したりして、それができた場合にはほめて認める

知っていることばが少ない・ことばの
意味が理解できない子どもには…

絵本を読むなど、子どもが楽しみながらことばにふれられる活動を取り入れ、必要に応じて場に合ったことばを繰り返し伝える

会話でのやりとりが難しい
子どもには…

「はい・いいえ」で意思表示ができるような簡単な質問をする、ヒントを出して答えやすい問いかけをしていく

話した内容が
理解できない子どもには…

ことばだけでなく絵カードやジェスチャー、タブレットなども使用して、視覚的に注意を引きつけ、伝えていくことも有効

保育のPOINT

話をする際には簡単なことばを使うよう心がけ、1つひとつの内容を子どもが理解できているかを確認しながら少しずつ伝えるといった「個別のかかわり」を大切に。

専門家の視点から ことばの理解と表出を促すアプローチ

（→「インリアルアプローチ」の詳細は第2章 P.40参照）

（大貝 茂）

　子どものことばの数が増えないことが心配になったとき、まず、どうしてなのだろうということを自分なりに推理してみます。その際には、子どもたちのことばの発達の成り立ちを思い描いて検討しましょう。

　子どもたちがことばを獲得していく過程で必要な要素は、次の3つです。

１ コミュニケーション能力の発達
２ 脳機能を発達させるための感覚機能や運動機能発達
３ ことばを操作できる脳機能の発達

　ことばがなかなか増えない子どもに出会ったときは、この3つのうちのどの要素に原因があるのかを整理してみます。

１ コミュニケーション能力の発達が未熟な子

　ほかの子どもに攻撃的、衝動的な行動が多い、ほかの子どもにあまり関心を示さないなどといったコミュニケーションの取りづらさも、ことばをなかなか増やせない要因となります。このような姿の子どもたちとのかかわりについては、該当する内容を参照してください（P.54、P.84、P.94）。

　ここでは、主に**２３**について考えていきます。

２ 脳機能を発達させるための感覚機能や運動機能の発達が未熟な子ども

　ことばをうまく操作するための脳機能は、
・聴覚が順調に発達していること（視覚、触覚なども同様）
・口腔の機能がうまく発達していること
で保障されるといえます。したがって、ことばがなかなか増えないときには一応「聴こえ」について注意を払って観察してみます。

　高度難聴の場合は早期に気づかれやすく、補聴器を着けていることが多いでしょう。問題は軽度の難聴や、低音は聴こえていても高音部が聴こえていない歪んだ難聴の子どもの場合です。保育場面でこの状態を見つけるのはなかなか難しいですが、話していることばの発音を聴いて子音がほとんど出ていない場合には、軽度難聴を疑ってみます。

　聴こえの歪みを確かめるには、後ろからそっと近づき、左右の耳のそばで音を聞かせて、耳もとで鳴った音源を見つけることができるかどうかを観察します。その際は気配を悟られないように気をつけて、カスタネット（低い音）、鈴（高い音）など2種類の音源を準備しておきましょう。

っあんりんっあ
乗りたい!!

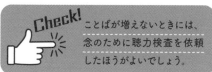

Check! ことばが増えないときには、念のために聴力検査を依頼したほうがよいでしょう。

③ ことばを操作する脳機能の発達が未熟な子ども

　ことばを操作するための脳機能の発達は、
・ことばを記憶理解する能力
・表出する能力
の2つに分けて考えます。
「ことばを理解すること」と「ことばを表出する（話す）こと」は、発達の様子を見ると「理解」のほうがわずかに先行しながら「表出」につながるようです。したがって、話しことばを増やしていくためには、まずことばを理解し、記憶する能力を先行させて支援していくことになります。

【ことばの理解（記憶）の糸口】

子どもたちがことばを理解したことを大人に教える最初の兆候は、例えば「バイバイ」と言えば動作を返してくれるようになったときです。

このことは、今まで「視覚情報」で学習していた行動が「聴覚情報」に置き換わったことを意味しています。言い換えれば、「バイバイ」は単なる声ではなく、別れる合図になったということ。同様の子どもたちの行動は、「いただきます」「ごちそうさま」「おいしい」「かわいい」など、育児の中で伝統的に受け継がれていることばがたくさんあり、ベビーサインとして紹介されている場合もあるでしょう。

保育環境の中でよく似た学習過程が見られるものとして「手あそび歌」があります。ことばの学習の入り口として有力な内容といえます。

【ことばの理解を増やす】

子どもたちの生活環境の中では、多くのことばが飛び交っています。どのような状況で子どもたちがことばに興味をもち始めるのかを考え、理解できることばを増やしていく手立てや工夫を検討していきましょう。

1 保育環境の中でのことばの学習

園の1日はおおむね決まった流れがあります。朝の会、自由あそび、設定保育、昼食、午睡などが日々繰り返され、それぞれの場面で保育者が子どもたちにかけることばも同じ内容が繰り返されることも。

それでも、なかなかそういったことばが分からない様子で、ことばの理解が遅れていると感じる子どもには、身ぶり手ぶりや行動を見せることでことばを補う必要があります。「お外へ行くよ。くつを持っておいで」という声かけに子どもが応じられるようになるまでは、ことばかけをしながら一緒にその行動をする経験を繰り返し、ことばかけだけで行動できるようになるまでしっかり見守りましょう。

名前を呼ばれて返事ができる、「くつを持ってきて」「着替えしよう」ということばかけでその行動ができるなど、ターゲットとすることばのリストを作っておき、理解できたら新しいことばを加えていくなど工夫をすれば分かりやすいでしょう。日常生活で言われたことばに応じる様子が感じ取れたら、次は理解できることばを増やすことを考えましょう。

2 カードを使った学習

さまざまな物やいろいろな状況を、ことばで置き換えることができることに気づくためには、かなりのことばを学習していなければなりません。

この時期、ことばを学習するためによく使用されるのは絵カード。本来的には、野菜の名前を教えるにしても本物に触り、においを嗅ぎ、食べるというように、五感を使った学習ができれば印象に残りやすいのですが、学習には繰り返しが必要で、ニンジンを教えるために給食は毎回

ニンジンというのも非現実的です。このような場合に、カード学習を行うことになります。

　カードの絵の描き方には、さほどこだわる必要はありませんが、カードは2次元の世界なので、子どもの集中力が持続するには難しい素材です。カードを使い始めるにあたっては、次のようなことを工夫しましょう。

・導入時にその子どもの興味のある内容のカードを選ぶ
・カードを使ったあそび方を工夫する

❸ 学習開始時には幼児語を多くする

　幼児語といわれることばは、「ワンワン」「ブッブー（自動車）」などオノマトペで構成されており、多少方言もあるものの、伝統的に受け継がれています。この幼児語が成人語と対比されて子どもたちのことばの学習初期に使われるのは、子どもたちに受け入れられやすいという特徴があるためです。ことばの理解力が増えていくにつれて、幼児語は自然と成人語に置き換わっていくので、子どもたちにことばを教える初期には、受け入れやすい幼児語をふんだんに使うことも有効です。

❹ 絵カードを使ってかるた取りあそび

　理解できるカードが増え始めたら5、6枚のカードを並べます。かるた形式であそぶうちに、絵カードを探しながらその単語を口ずさみ始めます。これは「理解」と「表出」がリンクし始めたことを

意味し、言語の脳機能が安定してきたことを示唆しています。

　絵カードを使った学習を進める過程で、あるとき新たなことばを覚える速さが、目に見えて進んでいることを意識できることがあります。これは、子どもが自ら新しいことばを吸収する能力をもったことを意味し、絵カード学習の終了の目安になります。

⑤ 絵本の読み聞かせ

　ことばは次第に複雑な文章へと進んでいきます。子どもたちの文章理解は、生活体験の中で使われる文章形式を繰り返す中で学習していくものと思われます。したがって、保育環境での活動は、ことばで説明がなされながら進んでいくことが望ましいです。同じ状況で同じ文章を聞くことで、子どもたちは文章を学び、さまざまな体験が文章を学ぶ基礎となります。

　絵本の読み聞かせは、子どもの経験を疑似的に増やすことのできる素材。また、子どもは文法の形を日常生活や絵本をとおして感覚的に学習していきます。文法には品詞（名詞、動詞、形容詞など）の違い、動詞の活用、時制など学ぶことは多くありますが、幼児期に文法を教わることはありません。

　子どもたちは多くの体験の中で使われたことばを反すうしながら記憶していくため、体験を疑似的に広げることのできる「絵本の活用」は有効です。

むかしむかし
サルが
柿の種を
拾いました

Check! 絵本に集中できない子どもは保育者の膝に座るなどの配慮があるとよいでしょう。ほかにもエプロンシアター、ペープサートなど、子どもの興味を引きつける保育教材も絵本を補完するものとして有効。

【ことばの表出を増やす】

　本来「バイバイ」ということばを理解できれば、手を振る動作とともに「バイバイ」という発話ができるのが一般的な発達です。ことばに遅れのある子どもたちは、ことばを理解することと、そのことばを発することに時間的に大きな差が生じるようです。そのためこの時期は、前述したように理解できることばを増やすようなかかわりを優先します。

■1 模倣の始まり

　発話は「構音＊（発音）＋プロソディー（アクセント、イントネーション、リズムなど）」で構成されています。子どもたちのことばは模倣によって始まり、プロソディーの模倣は手あそび歌を口ずさむときによく現れます。ことばの内容よりも歌のイメージが伝わるような状態といえます。

　したがって、<u>ことばを話すということは、傾聴態度の発達が大きくかかわっていることを示します</u>。新しい経験の中で耳慣れない音に注意を向けることが繰り返されることで、傾聴態度がより強まっていくことを考えれば、保育での楽器を使った「合奏」などは有効と思われます。

> ※構音とは…日本語を話すときに必要な音の最小単位です。大まかには50音表（濁音、半濁音、拗音を含む）と考えてもよいかもしれませんが、この50音表を母音と子音に切り分けた音の総数ということになります。1つひとつの音を出すための器官の動かし方を学習していくことになります。

■2 構音の発達

　発話を構成する1つである構音は、一気には完成しません。この<u>構音は母音と子音に分割され、母音の分化は比較的早くに完成します</u>。それに対して、子音は瞬間的に発される音なので、日本語に必要な子音を発音できるようになるまでは、ある程度の時間がかかります。

　子音の出現順序には、発達的に次のような大まかな規則性があります。パパ（p-a）、ママ（m-a）、ブーブー（b-u）など口唇を使った子音を使う単語→歯茎音（t・d・n）→軟口蓋音（k・g）→破擦音（ts・dz）→摩擦音（s）→弾み音（r）

　ただし、ことばは単音節のもの（目、手など）は少なく、多くは音の

組み合わせで構成されているので、さかな（sa-ka-na）、カラス（ka-ra-su）など語中のｋと語頭のｋでは発音のしかたが異なることもあります。おおむね5歳までに大人が話す構音が完成するといわれますが、個人差も大きいです。

子どものモチベーションが持続する工夫を

　ことばの学習には反復が必要で、ことばの発達の遅い子どもはその反復に長期間を要します。

　どのような場合も、学習は子どものモチベーションが背景になければ効果は期待できません。保育目標を定めたら、学習が成立するまでいかにモチベーションを持続させるかを工夫していくのが、保育の醍醐味だと思います。ことばの遅い子が何歳であろうと、目標とした課題に長時間かかろうと、子どものモチベーションを前提に持続すれば、信頼関係はしっかりと築かれていくことでしょう。

落ち着きがない

（山中早苗）

活動中に
ウロウロする

あっ！
飛行機！

身じたくが
できない

あさのかい
1 おひさま
2 おさんぽ
3 おひるごはん

食事に集中
できない

ブーン！

何してるの？

ウロウロ

保育の視点から 安定した気持ちで
いられる働きかけ

　子どもの落ち着きがない行動として挙がるのは、ケース2「集中力が
なく一定時間同じことができない」(P.62)、ケース3「1か所にじっと
していない」(P.74)でも挙がってきた姿とも重なります。

　子どもが落ち着きのない行動を見せるのは、あそびや活動に興味がも
てなかったり、自分の居場所が見つけられなかったりすることが理由に
なっている場合もあります。園の中に、クラスの中にその子どもの居場
所がどこにあるのかを保育者が把握しているかどうかが重要なポイント
になります。

　子どもが少しでも安定した気持ちで活動に臨めるようなかかわりやこ
とばかけ、環境づくりを考えていきましょう。

保育者のかかわりプラン

手をつないで子どもが行きたい場所まで一緒に行くなど、**一緒に行動する**

代わりに取るべき行動が理解できるように、**個別に説明したり行動の見本を示したりする**

事前に活動の意味を説明して、**見通しをもてるようにする**

活動の終わりの時間を伝え、**時間を決めて活動に参加できるようにする**

音に敏感な子には午睡時にみんなとは別の**静かな場所や部屋の隅のほうに布団を用意**し、安心できる心地よい時間になるようにする

保育のPOINT

子どもが興味をもてるように活動を工夫したり、どこに座るかを理解できるようにその子どもの場所を指定したりするなど、「子どもの気持ちを安定させる」ことを軸に対応を考える。

専門家の視点から 原因を探り、保育を振り返る

（松尾寛子）

　ある一定時間集中するということは、小学校に上がってからも必要なことになります。そのため、保育者が「どのようにするとその子どもが集中しやすくなるのか」を把握しておくことはとても重要です。そして一方で、「保育の中でその活動や行いをその子やほかの子どもたちにさせる必要があるのか」という視点で見直していくことも必要です。

　ここでは、ケース4（P.84〜）と同様に、落ち着かない姿がなぜ現れるのかという理由や原因を探ります。そして、子どもを取り巻く環境に原因はないのか、保育のやり方を変えることによって軽減できないのかといった「かかわり」の可能性を考えていきます。

場面別に考える子どもの「行動の理由」と保育者の「かかわり」

【1つのおもちゃでじっくりとあそばない】

その子どもなりの理由は？

・環境に慣れていないため、いろいろなおもちゃであそんで自分の好きなあそびを探っている？

・いろいろなおもちゃで短時間あそぶほうが楽しいと思っている？

"理由"を踏まえたかかわり案

・保護者にその子どもが好きなあそびやおもちゃを聞き、それを保育室に用意しておく。

Check! 子どもが何分くらいならそのあそびに集中できるのかも確認。また、どのような活動・どのような環境なら集中できるのかも検討しましょう。

【保育室から出て行く】

・例えば、歌をうたう活動時などに周りの子どもたちの大きな声が不快
　で苦痛だから？　歌が覚えられないから？
・自分の好きな音（聞きたい音）が外から聞こえてきたから？
・保育室に楽しい活動やあそびがないから？
・たまたま保育室から飛び出したときに保育者が追いかけてきて、それ
　を楽しいあそびとして学習してしまったから？

"理由"を踏まえたかかわり案

・歌をうたうときに保育者が
　子どもたちに「大きな声で
　歌いましょう」と言うと、
　子どもは「大きな声」で歌
　おうとする。保育者は文字
　どおりの「大きな声」で歌
　ってほしいわけではなく、
　「元気よく」歌ってほしいと
　思って「大きな声で」と伝
　えている場合がある。子ど
　もによっては、周りの子ど
　もの大きな声が不快で耳を
　ふさいだり、保育室を飛び
　出してしまうことも。保育
　者は、「元気よく歌いましょ

　う」や「きれいな声で歌いましょう」など、保育者がやってほしいと
　思うことを正確に言語化して伝えると、より理解しやすくなる。
・クラスの中で声量を調節したい場合は、「声のものさし」を使って伝
　える方法もある。
・数回歌うと歌詞を暗記できる子どももいれば、友だちが歌っているの
　を何度も聞いて、ようやく覚えられる子どももいる。そのような子ど
　もにとって、周りの子どもが歌う声が大きすぎて聞き取りにくいと歌
　を覚えられず、分からないままになってしまう。保育者は、なぜ歌わ
　ないのか、どのようにすれば歌えるかという原因を探る必要がある。
・好きな音が聞きたい子どもは、「今聞きたい」という思いが強い場合

や、「今聞かないと、あとでその音が聞けない」という不安がある場合などがある。保育室を飛び出して門まで行き、車が通り過ぎると戻ってきたことから、ゴミ収集車のエンジン音が聞きたかったのかと理解できる場合も。それをしなければ気がすまないという場合には、一時的にはそれを受け入れ、保育者が子どもの気持ちに共感したり、少しずつルールを設定し、時間を決めて保育室に戻ることができるような声かけをしたりする。

- 保育者の目の届かない所に急に行かないように伝え、それができたときにはほめる。また、徐々に望ましくない行動を減らしていけるよう、保育室の中で楽しいあそびが見つけられるような環境の工夫が大切。実年齢に相応でないおもちゃでも、その子どもが好きなおもちゃを1つ置いておくと、その子どもにとって安心できる場になることも。
- 出て行った子どもを追いかけると、それがあそびになってしまう場合、危険がないか見守りつつ保育室に戻るよう声かけをし、保育室や保育者の元に自ら戻ってきた場合にはほめる（→P.26「応用行動分析」、「ケース4」P.91も参照）。

【保育者の話を聞いていない】

・クラス全体に対して保育者が話した内容から、自分がどう行動したら よいのかが理解できていない？

・個別に声をかける。

・「○○しません」「ダメでしょう」など と伝えても、「何をしたらよいのか」 「どうすればよいのか」という正解は 子どもに伝わっていないことになる。 何をすることが正しいことなのかを、 具体的に分かりやすいことばで伝える。

・「○○します」など、子どもに今から してほしいことを伝えると、行動しや すくなる。

・伝える際には多くの情報を盛り込みす ぎず簡潔に。一度に話すのは1つ、2 つ程度にして、それができてから次の 内容を伝えると理解しやすくなる。

またお部屋から出て!ダメでしょう!

?

情報が多すぎて混乱 ➡ シンプルな情報で分かりやすく

散歩に行く前に トイレに行って

帽子をかぶって くつをはいて…

散歩に行く前に トイレに行こう

分かった!

125

【体がそわそわと動いている】

・じっとしている姿勢が保ちにくい？

・廊下に向かって座っている場合、人が通ると気になってしまう？

・保育室の物が刺激にならないよう、配置を工夫する。

・製作活動のときなど、保育者のほうを向いて話を聞く際、座席によっては机に向かって座るのではなく、机に背を向けなければならない子どももおり、そのような姿勢を取ると、足を動かしてみたり、手を触ってみたりすることも。保育者の話に集中して聞くことができない環境ならば、向かいに座っている子どもや、目に入ってくる子どもが気になって、じっとしているための姿勢が保ちにくくなることもある。子どもたちの座席の位置、子ども同士の組み合わせ、座る向き、加配保育者の位置、保育者の声が届きやすい位置などをよく検討する。

> **Check!** 同じグループの友だちの行動を見て、今何をするべきかを認識できる環境づくりが必要な場合もあります。

三角の紙にのりを付けて紙コップにはります

ああやってするのか

【何をどうしたらよいのか混乱している】

その子どもなりの理由は？

・児童発達支援にも通っている子どもの場合、今日はどこへ行くのか、今いる場所にいつまでいるのかが分からない？　また、家庭・園・児童発達支援施設など、それぞれの環境ややり方の違いに混乱している？

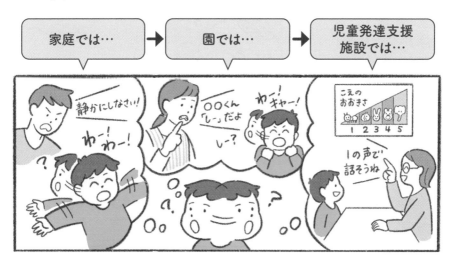

"理由"を踏まえたかかわり案

・それぞれの場所で、なるべく一貫したやり方をすることが必要になる。そのためには、園ではどのようなことを目標に保育をしているのか、という個別の指導計画を保護者と共有したり、児童発達支援施設ではどのような指導がなされているのかを保護者や施設の担当者から聞き取っておいたりする必要がある。また、保護者はそれに対してどのような思いをもっているのかについても共有しておきたい。

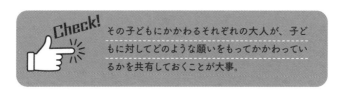

Check! その子どもにかかわるそれぞれの大人が、子どもに対してどのような願いをもってかかわっているかを共有しておくことが大事。

127

かんしゃくが激しい

（山中早苗）

思いどおりにならないことがあると、感情が爆発する

ギャー！！

激しく泣き続ける

暴言や暴力などの行動が見られる

保育の視点から 孤立させず、対処の仕方を一緒に考える

　子どもが激しいかんしゃくを起こして感情のコントロールがきかない状態にあるとき、保育者が動揺したり慌てたりすると、子どもが不安を感じ、ますますかんしゃくが激しくなることもあります。保育者は落ち着いて冷静に対応しましょう。

　思いどおりにならずに怒りが現れる場面では、そのいらだつ気持ちを少しでも軽減できるように支援を行い、「一人で対処しなくても大丈夫だよ」ということを繰り返し伝えます。

　日ごろから子どもの様子をよく見て、どういうときにかんしゃくを起こすのかを把握し、また、その子どもにとっての「こだわり」をできるだけ認め、対応し、安定した気持ちで子どもが園生活を送ることができるような配慮を検討することが大切です。

保育者のかかわりプラン

その場から離れて別の場所に移動して、気持ちが静まるのを待つ

かんしゃくが危ない行為ではない限り、すぐには反応せず、しばらく見守る

感情がコントロールできず苦しくなったときには、なんらかの手段（ことばやサインなど）で保育者に助けを求めることを教える

落ち着いてきたら、その子どもの気持ちをしっかり聞いて受け止める

暴力などの適切でない行動があったときは、子どもと保育者が一緒に行動を振り返り、どうすればよかったかを考える機会をもつ

苦手なことやその子どもにとって難しいことは小さなステップで行い、できたことはすぐにほめ、できていることを伝え自信がもてるように支援する

保育のPOINT

子どもがかんしゃくを起こしたとき、「困ったなあ」という雰囲気が醸し出されることを防ぎ、保育者はいつでも味方だということを伝え続ける。そのやりとりは、周りの子どもたちのその子どもへのかかわりにもつながってくる。

子どもと環境の相互作用を捉えて調整する

（松見淳子）

　障害児保育セミナー（詳細はP.50〜参照）では、「問題行動」と「言語」領域にかかわる保育課題が多く挙がりますが、言語の理解が遅れている子どもや衝動的な行動が多い子どもの場合、かんしゃくを起こす頻度が比較的多くなります。言語表現が苦手であれば、フラストレーションがたまります。大人が子どもの理解に合わせた対応ができなければ、子どもは指示や説明が理解できないため、かんしゃくを引き起こすことがあります。

　障害のある子どもの保育における支援で重視することは、子どもの日常環境に根ざした保育と支援です。子どもと子どもを取り巻く日常環境を丁寧に観察し、問題行動があれば、子どもと環境との相互作用の中で見ることによって適切な環境調整を行い、子どもが無理をせず園生活を楽しめるように工夫します（平澤、2010）。ここで述べる"環境"には、子どもとかかわりのある人（保育者や保護者など）が含まれます。かんしゃくについても、この枠組みで考えてみましょう。

「かんしゃく」とは

まず、発達障害のある子どもの保護者の相談例を挙げます。

「幼稚園のときは集団生活になかなかなじめず、なじめたと思えば、疲れて眠いときに頻繁にかんしゃくを起こして暴れ、先生方をひどく困らせていました。今のところ小学校でかんしゃくを起こすことはありませんが、いつ学校でも暴れるかと思うと、この先不安です。まるで時限爆弾を抱えているような気分です」

「思いどおりにならなかったり、勉強が分からなかったりすると、かんしゃくを起こすことがあります。保育園でもそういうことが何度かあったと言われました。どうすればいいですか?」

このような課題は、保育や子育て研修会で頻繁に挙げられる課題です。かんしゃくは赤ちゃんから幼児期、児童期にも見られ、思春期や大人になっても続くこともあり、空腹感や睡眠不足、物への欲求、人の注意をひきたいなど、さまざまな理由によって引き起こされます。

就学前の子どものかんしゃくに見られる行動の例として、激しく泣く、床にひっくり返る、腕や手を激しく振り回す、足をばたばたさせる、たたく、蹴る、物を投げる、激しく奇声を発することが含まれます。まれに憤怒けいれんの発作を起こす場合もあります(Daniels et al.,2012)。

怒りや不安などの感情は誰にでも起こる反応ですが、フラストレーションが強く、感情のコントロールがうまくできないときにかんしゃくは起こります。かんしゃくを起こす原因はその場の状況や子どもの発達段階によりさまざまで、例えば次のような状態が考えられます。

●怒り・フラストレーション・何か不都合なことが起きている状態をコントロールできない状況
・・・かんしゃくが長く15分以上続き、頻発する。

●ことばの遅れにより意思表示がうまくできない状況
・・・かんしゃくが不適切なコミュニケーションの手段となってしまっている。

発達段階やその場の状況によって原因は異なるものの、かんしゃくが起きているときは子どもにとって不都合なことが起きており、環境とのマッチングがうまくいっていないときといえます。

発達障害と「かんしゃく」

　かんしゃくは発達障害を特定する症状ではありません。実際、障害のあるなしにかかわらず、2～4歳ごろの子どもによく見られるものです。ただ、かんしゃくの頻度、持続時間、強さによっては、発達が気になる子どもがいる場合もあり、発達検査を受けることもあります。

　発達障害のある子どもにとって、苦手なことがあるためにかんしゃくを起こすきっかけとなる状況は、保育の場面でも観察されます（Wakschlag et al., 2012）。

例えば・・・
● ASD のある子どもの場合

　気持ちのコントロールが苦手、強いこだわりがあるために集団行動が苦手、自分の思いをことばで表現することが苦手、突然の予定変更が苦手、あるいは聴覚の過敏さから騒がしい環境が苦手など、これらとそのときの状況により対処困難に陥ることがあり、発達的に苦手な状況下でかんしゃくを引き起こすことがあります。ケース10「好き嫌いが多い」とも関連して、好き嫌いがＡＳＤの子どもの「こだわり」と絡んでくるとかんしゃくを引き起こすことも。周囲の対応によってはさらにかんしゃくが習慣化し、強化される場合もあります。

● ADHD のある子どもの場合

　やりたいことがあると待てないといった衝動性のため、フラストレーションがたまり、感情を爆発させてしまうことがあります。

かんしゃくを防ぐ保育の工夫

　発達障害のある子どもの苦手なことを補う環境調整により、障害のある子どもを受容し、適切な対応を講じる保育が実現していきます。

　例えば、2017年に改定（2018年施行）された「保育所保育指針」（厚生労働省、2018)には、「ことばによる伝え合い」「協同性」が保育内容に挙げられ、「幼児期の終わりまでに育ってほしい姿」に向けて、子どもの発達に合った援助を行うことが推奨されています。つまり、ことばによる伝え合いや協同活動が苦手な子どものニーズを明確化した保育目標が求められます。そしてそれは、かんしゃくを予防するような目標設定にもつながるのです。

　このように、かんしゃくが起こりうる状況の改善を個に合わせて考案していく保育実践について、具体的に検討してみましょう。

【かんしゃくを起こす子ども・そのメカニズムに慣れる】

　かんしゃくは、<u>見通しが立たないとき、自分ができないと思ったとき、実際にどうしてよいか分からないとき、課題が多すぎるために何から手をつけてよいか分からないときなど</u>に起こります。

　保育者はかんしゃくの「症状」だけでなく、それが起きている「状況」にも注目してその子どもを理解し、かんしゃくの背景を知ることが必要です。そうすることで、かんしゃくが起きたときに慌てずにかかわることができます。

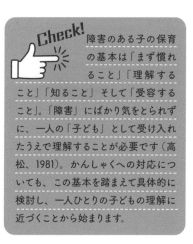

Check!　障害のある子の保育の基本は「まず慣れること」「理解すること」「知ること」そして「受容すること」。「障害」にばかり気をとられずに、一人の「子ども」として受け入れたうえで理解することが必要です（高松、1981)。かんしゃくへの対応についても、この基本を踏まえて具体的に検討し、一人ひとりの子どもの理解に近づくことから始まります。

○○ちゃんが好きなトイレが空いてるとき早めに声をかける？

それとも○○ちゃんの好きなキャラクターを他のトイレのドアにはってみる？

トイレの特定の個室に入りたくてイライラしている子ども場合

【データを集める】

　子どもの一連の行動と感情表出の流れを観察のうえで記録し、
- かんしゃくが起こりやすい状況
- かんしゃくの前後関係

を具体的に把握します。そして、そのデータに基づいて、どうしたらかんしゃく
を防ぐ（起こらないようにする）ことができるか、具体的な対応方法を検討し
ていきます。そのためには、かんしゃくが起こらない場面を知っておくことも有
効です。

【環境調整を試みる】

　見えてきた課題を、子どもと環境との相互作用の視点で検討します。

　例えば、手先が不器用であることで苦手な製作の時間になり、画用紙を
見ただけでそれを床に投げつけて大泣きをする子どもがいたとします。この状
況を繰り返しても、その子どもが製作に慣れてかんしゃくを起こさなくなるわけ
ではなく、不器用さが改善されるわけでもありません。むしろ、苦手意識や
その場にいる苦痛が強まってしまうことでしょう。その子どもをどうにかするとい
う視点ではなく、その子どもを取り巻く「環境」を調整することで状況を改善
できないかを考えます。

図7　子どもと環境との相互作用に基づく保育の支援

"楽しさ"を育む支援に発展させて

　支援は、子どものダイナミックな行動とその変化への小さな気づきから始まります。子どもは周囲に反応し、常になんらかのメッセージを発しています。すなわち、<u>コミュニケーションとしての子どもの行動に注目する必要があります。</u>

　かんしゃくも、環境とのかかわりの中で変わります。問題行動の頻度は、子どもに求められている課題の難易度やその子どもにとって見通しがもてるものであるかどうかなどによって変化します。「現在その子どもができることは何か」「次のスモールステップは何か」を明らかにしたうえで、保育者が手本を示し、<u>できたときはその場で認め、ほめることを徹底するというかかわりを積み重ねていくことで</u>、子どもの耐久力が育ち、成功体験が増えていきます。かんしゃくを起こさず、投げ出さないで子どもの状態にマッチした適切な保育課題に参加するようになっていきます。

　このような保育者と子どもとの相互作用の積み重ねが、「楽しさを育む支援」に発展していきます。「環境調整」の意味を広く捉え、特別な配慮を必要とする子どもへの肯定的な働きかけが増えるように、支援環境をつくっていきましょう。

〈引用文献〉
○平澤紀子 (2010)『応用行動分析から学ぶ子ども観察力＆支援力養成ガイド』Gakken
○Daniels、E.、Mandleco、B.、Luthy、K. E. (2012). Assessment, management, and prevention of childhood temper tantrums. Journal of the American Academy of Nurse Practitioners、24、569-573.
○Wakschlag、L. S.、Choi、S. W.、Carter、A. S.、Hullsiek、H.、Burns、J.、McCarthy、K.Leibenluft、E.、& Briggs-Gowan、M. J. (2012). Defining the developmental parameters of temper loss in early childhood: Implications for developmental psychopathology. The Journal of Child Psychology and Psychiatry、532、1099-1108.
○厚生労働省 (2018) 保育所保育指針解説　平成30年2月
○高松鶴吉 監修 (1981)『入門障害児保育の原理—心身に障害を持つ幼児の理解と保育—』学研

10

好き嫌いが多い

（山中早苗）

給食を全く食べない

プイッ！

水分をとろうとしない

苦手なものを食べようとしない

偏食があり、特定のものしか食べない

保育の視点から

食事の時間が苦痛にならないよう配慮する

　私たちの日常生活を構成しているものには、食事・睡眠・排せつ・入浴・着替えなどがあり、子どもたちが自らの力と判断でそれらを自分でできるようになっていくことが「自立への過程」——つまり成長の証の1つといえます。なかでも幼児期の食事は最も大変で手がかかるものですが、保育者は食事本来の目的である「量と質の確保」と「楽しさの共有」の両方のバランスを視野に入れ、食事の時間が苦痛にならないような配慮をすることが大切です。

　幼児期の子どもたちは、食べものに関して色や形、におい、食感や味などに敏感で、食べられるものが少ない子どももいます。しかし、保育者や友だちが食べる姿を目にしたり、保育者からの励ましを受けたりする中で、食べてみようと気持ちが動くこともあります。その可能性を広げるために、子どもが食べてみたいと思えるような、そして楽しいと思えるようなかかわりを検討していきましょう。

保育者のかかわりプラン

給食がどうしても食べられなければ、その子どもが食べられるものを家庭から持参できるようにする

お茶が苦手な子どもは水にする、温かいものが苦手な子どもの給食はしっかり冷ますなど、その子どもにとって苦痛にならないことを優先する

事前に量を調整して配膳することで、その子どもが食べきった達成感を味わえるようにする

ビュッフェ形式にして、選ぶ楽しさを感じられるようにする

保育者がおいしそうに食べる姿を見せる

野菜を育てたり、調理を体験したりするなど、栄養士とも連携して食に関心をもてるような機会をもつ

保育のPOINT

子どもたちが楽しく食べたり飲んだりできる雰囲気をつくり、いろいろな食材に親しんでいくことができるよう、給食やおやつの時間を工夫する。

子どもと環境の相互作用を捉えて調整する

（→「応用行動分析」の詳細は第２章 P.26、「感覚統合アプローチ」の詳細は第２章 P.36参照）

（松見淳子）

厚生労働省が10年ごとに実施している「乳幼児栄養調査」の平成27年度の結果によると、授乳・離乳食・子どもの食事について、約8割の保護者が何らかの困りごとを抱えていることが分かりました。ここでは「発達障害のある子の偏食」に焦点を当て、対応を検討していきます。

発達障害と偏食

発達障害のある子の偏食は自然に改善されることが難しく、特定の食品（料理）しか食べられない、という意味で"わがまま"とは異なります。注意や叱責は食事場面を嫌悪的にするので、避けなければなりません。

幼児の偏食は、むし歯、「やせ」体型、食欲がない、寝つきが悪いなどの健康問題と関連があることが報告されています（白木・大村・丸井、2008）。そのため偏食の原因を見つけ、適切な対応を実施し、偏食を改善できるようにしていくことが大切です。

【原因を探る】

発達障害のある子の偏食の原因は主に4つあります（山根・藤井、2019）。

① 口腔機能的な問題

舌の送り込みが弱い、舌圧が弱く丸呑みになってしまう、かめてもすりつぶしができない、かむ力が弱いなど、口腔機能の発達上の課題が原因になることがあります。

② 感覚的な問題

視覚・聴覚・嗅覚・味覚・触覚 の五感に感覚過敏あるいは鈍麻があると、味わいに変化を及ぼして「おいしさ」を感じにくくなり、食べられる物が限られてしまう可能性があります。

③ 栄養的な問題

　発達障害のある子は必要エネルギーが同年齢の子より少ない傾向があり、すぐにお腹いっぱいになり食の種類が広がりにくいことがあります。

④ 発達的な問題

　発達にバラつきがあるために、食事が進まない、形や色が変わると食材になじめないなどが原因となり、食べることへの意欲が乏しくなってしまうことがあります。

【対応の工夫】

　保育者は偏食改善に向けた4つのポイントを確認しておきましょう（山根・藤井、2019）。

ポジティブな食環境を
　「食べたり飲んだりすることが楽しい」と思える環境を形成するには、まず保育者のほめことばや笑顔が欠かせません。

スモールステップで取り組む
　「何ができるか」「どうやったらできるか」をベースに、応用行動分析のアプローチも参考にしながら、無理のない対応を心がけましょう。

子どもをよく観察しながら、試行錯誤を前提に
　発達障害のある子には、特定の感覚に極端な固執が見られることがあります。基本は感覚の偏りを考慮した食事から始め、少しずつ変化させていくといった支援。例えばカリカリとした食感を好む場合、苦手な物をカリカリに揚げて提供すると受け入れられる場合があります。このような課題には、感覚統合のアプローチが参考になります。

家庭や専門家と連携体制を築き、密な情報交換を
　偏食への対応には情報収集が欠かせません。家庭での食事について、材料・調理法・盛り付け方・食事の提供方法・タイミング・状況などを具体的に聞き取りましょう。園でも食行動を観察し、食べた物・食べなかった物のリストを作成して、適切な対応を検討していきます。また、専門家との連携も大事です。例えば口腔機能に問題がある場合は専門機関で検査を行い、その子の口腔機能に合った調理形態などを検討します。そういった情報も園での対応に生かしていくとよいでしょう。

引用文献　厚生労働省　平成27年度「乳幼児栄養調査」結果(概要版)
白木まさ子・大村雅美・丸井英二(2008)幼児の偏食と生活環境との関連　民俗衛生、74(6)、279-289.
山根希代子(監修)藤井葉子(編著)(2019)発達障害児の偏食改善マニュアル食べられない子が食べられるに変わる実践　中央法規

おわりに

　1981年の国際障害者年にちなんで刊行された『障害児保育の原理』は、日ごろから障害のある子どもたちの生活に密接にかかわり合ってきた「北九州市立総合療育センター」の高松鶴吉先生の情熱もあって出来上がったものです。

　高松先生はこの本を上梓されるにあたって、「社会は大人だけのものではなく子どもたちにとっても社会参加は主要なテーマにならねばなりません。障害児の療育も、閉ざされた世界から開かれたものへと変貌していく必要があります。開かれた療育というのは、子どもたちも先生たちも、その体験も知識も、相互に自由に交流し、専門療育の世界と一般保育の世界との間を、子どもたちが、その必要に応じて自由に出入りできるものでなければなりません。私たちは、専門療育のチームですが、この本は、私たちが療育をして一般保育へ参加していく子どもたちにそえて、あなた方にお贈りする1つのメッセージと受け取ってください」と述べられています。

　その心がまえを先生は、「まず慣れること：習うより慣れろ」「理解すること：その子の問題点を精しく理解すること」「知ること：障害児に関する本を読む。病院から情報をもらう。子どもの能力に関する評価を行うこと」「受容すること：子どもと同様に、親の行動も理解し受容すること」と表現されました。

　当時は、モンテッソーリの早期療育法やドーマン法、ボバース法やボイタ法、感覚統合法やインリアル法など、関係者が思い思いの方法を試し始めたときでしたから、まさしく時宜を得た未来を見据えたご提案でした。ただ、ここで用いられていた各種の一定の評価を得た療育活動も、主として個々の子どもの個別の発達支援のための実験的意味合いが深いものであって、集団の中で、あそびと生活の融和を身上とする、保育者にとっての、日常の問題意識と解決法とは、少し乖離した世界であるように感じられるのが気がかりでした。

　このような混乱した状況にあって、先生は、療育の本態は何かと問われたら、「療育は、情念であり思想であり科学でありシステムである」と答えるであろうといわれました。

　では、情念とは？と問われたら「放っておいてはいけない、ここは何とか私たちが」という心意気であり、深く心に刻み込まれ、理性では抑えることのできない情熱や感情などの善意と愛情に満ちた働きかけのことと推測されます。

　また、思想とは、何でしょうか。現在ならば、福祉の思想はノーマライゼーション（Normalization）やインクルージョン（Inclusion）であるという答えがすぐに出ますが、この時代の療育ということばも魅力的です。ただしその療育の理念について、このことばを初めて使った、高松先生の心の師である高木憲次先生

は、「療育とは、現代の科学を総動員して不自由な肢体をできるだけ克服し、それによって幸いにも回復したる回復能力と残存せる能力と代償能力の三者の総和（これを復活能力と呼称したい）であるところの復活能力をできるだけ有効に活用させ、以て自活の途の立つように育成することである」と定義されています。

　高松先生は、それを現代風に、「療育とは、医療、訓練、教育などの現代の科学を総動員して障害をできるだけ克服し、その児童がもつ発達能力をできるだけ有効に育て上げ、自立に向かって育成することである」と要約されました。

　これには「ハビリテーション（habilitation）」ということばがピッタリですね。このハビリテーションも子どもを見る特別な目（客観的に障害を評価しうる能力）と、その障害を改善する特別な手（技術）がなければ責任を果せるはずがない。その意味でそれを身につけない限り、愛情だけで彼らに立ち向かえるはずがないとの指摘があり、その効果的運用に関しては、各地の行政地域の中で、その地域特性を十分に生かしながら、柔軟に構築・展開していく必要があると提案されてもいます。

　折から、私は、1981年より大阪府社会福祉協議会主催の障害児専門ゼミナール（大阪府立大学　待井和江教授指導）への参加が許され、保育士たちの悩みを直接聞いて、医学的な立場からの意見を求められることになりました。ゼミへの参加は以来継続し39回を迎えました（コロナ禍では一時中止）。また、1983年からは神戸市社会福祉協議会での障害児保育ゼミの指導にもかかわり、30年経過していますが、２つのゼミは、以後、確実に続いており、経験主義からの脱皮と、親の立場に置いた取り組みをねらいとしています。

　今回の出版のねらいは、子どもの成長に合わせた保育を目指して、家族と共に一喜一憂し、より好ましい方法を模索しながら、日々を過ごす保育者と保護者に、発達障害の範ちゅうに含まれる子どもへの効果的支援方法を提案するものです。

　最後に、お忙しい中、協力いただいた方々に深く感謝いたします。
　また、413人の子どもたちのデータ分析には、武庫川女子大学文学部心理・社会福祉学科諏訪田ゼミ学生さんたちの協力に敬意と感謝に代えて、それぞれのお名前をここに掲示させていただきます。
　岡植美夕南さん、　高橋ほのかさん、　杉前朋美さん、大江柚紀子さん、森山彩夏さん、山本真由さん、中里真緒さん

神戸乳幼児発達研究会
代表　安藤　忠

執筆者 （五十音順） ※所属は発刊当時

編集
安藤 忠
（あんどう ただし）
（大阪府立大学）

P.8〜15、P.23〜25

大阪府立大学名誉教授
神戸乳幼児発達研究会代表
一般財団法人子供の城協会理事長

大貝 茂
（おおがい しげる）
（元 武庫川女子大学）

P.112〜119

北九州市総合療育センターで言語
聴覚士として勤務後、武庫川女子
大教育学科准教授として勤務

編集
諏訪田克彦
（すわだ かつひこ）
（武庫川女子大学）

P.50〜53

武庫川女子大学
心理・社会福祉学部社会福祉学科准教授
医療ソーシャルワーク研究室

辻 薫
（つじ かおる）
（大阪人間科学大学）

P.36〜39、P.96〜101

保健医療学部作業療法学科教授
専門作業療法士（特別支援教育）
特別支援教育士 S.V.

新澤伸子
（にいざわ のぶこ）
（武庫川女子大学）

P.30〜33、P.76〜83

武庫川女子大学
心理・社会福祉学部心理学科教授
公認心理師、臨床心理士
TEACCH®公認上級コンサルタント

増田和高
（ますだ かずたか）
（武庫川女子大学）

P.18〜22、P.45〜46

武庫川女子大学
心理・社会福祉学部社会福祉学科准教授
障害者福祉研究室

松尾寛子
（神戸常盤大学）

P.86 ～ 93、P.120 ～ 127

神戸常盤大学教育学部
こども教育学科准教授

松見淳子
（関西学院大学）

P.130 ～ 135、P.138 ～ 139

関西学院大学名誉教授
文学部心理科学実践センター顧問

安井千恵
（関西学研医療福祉学院）

P.40 ～ 44、P.104 ～ 109

関西学研医療福祉学院教務統括
学校法人青丹学園発達・教育支援センター長
特別支援教育士S.V.

安原佳子
（桃山学院大学）

P.26 ～ 29、P.56 ～ 61

桃山学院大学社会学部
ソーシャルデザイン学科教授

山中早苗
（頌栄短期大学）

P.48 ～ 49、P.54 ～ 55、P.62 ～ 63
P.74 ～ 75、P.84 ～ 85、P.94 ～ 95
P.102 ～ 103、P.110 ～ 111P.120 ～ 121
P.128 ～ 129、P.136 ～ 137

頌栄短期大学
保育科教授

米倉裕希子
（県立広島大学）

P.26 ～ 29、P.64 ～ 73

県立広島大学保健福祉学部
人間福祉学コース准教授
社会福祉士

これだけは知っておきたい！
発達障害のある子とのかかわり方
専門家から学ぶ保育の困りごと解決BOOK

2023年5月9日　第1刷発行

編著者	安藤　忠
編著者	諏訪田克彦

発行人	土屋　徹
編集人	滝口勝弘
企画編集	相原昌隆

編集協力	中野明子
装丁・デザイン	舛沢正子
イラスト	高村あゆみ・市川彰子・こやまもえ

発行所	株式会社Gakken
	〒141-8416　東京都品川区西五反田2-11-8
印刷所	凸版印刷株式会社

《この本に関する各種お問い合わせ先》
●本の内容については、下記サイトのお問い合わせフォームよりお願いします。
　https://www.corp-gakken.co.jp/contact/
●在庫については　Tel 03-6431-1250（販売部）
●不良品（落丁、乱丁）については　Tel 0570-000577
　学研業務センター　〒354-0045 埼玉県入間郡三芳町上富279-1
●上記以外のお問い合わせは　Tel 0570-056-710（学研グループ総合案内）

学研グループの書籍・雑誌についての新刊情報・詳細情報は、下記をご覧ください。
学研出版サイト　https://hon.gakken.jp/